Metodologia do Ensino de Língua Portuguesa e Estrangeira

Esta coleção composta de oito títulos discute muitas das questões mais relevantes para aqueles que têm na língua seu objeto de estudo. Professores de Língua Portuguesa e de línguas estrangeiras modernas podem se beneficiar das várias metodologias de ensino contempladas na coleção, que traz, em uma multiplicidade de enfoques, densidade teórica e riqueza na proposição de estratégias pedagógicas dinâmicas. O estudante e o acadêmico da área também encontram nestes títulos teorias e discussões fundamentais em linguística, literatura e tradução.

Estudos Linguísticos: dos Problemas Estruturais aos Novos Campos de Pesquisa

Didática e Avaliação em Língua Portuguesa

A Didática do Ensino e a Avaliação da Aprendizagem em Língua Estrangeira

Produção e Avaliação de Materiais Didáticos em Língua Materna e Estrangeira

Compreensão e Produção de Textos em Língua Materna e Língua Estrangeira

Literatura, Expressões Culturais e Formação de Leitores na Educação Básica

Teoria e Prática da Tradução

Comunicação e Tecnologia no Ensino de Línguas

Jeferson Ferro
Juliana Cristina Faggion Bergmann

Produção e Avaliação de Materiais Didáticos em Língua Materna e Estrangeira

Rua Clara Vendramin, 58
Mossunguê . CEP 81200-170
Curitiba . Paraná . Brasil
Fone: (41) 2106-4170
www.intersaberes.com
editora@editoraintersaberes.com.br

Conselho editorial
Dr. Ivo José Both (presidente),
Dr.ª Elena Godoy,
Dr. Nelson Luís Dias,
Dr. Neri dos Santos
Dr. Ulf Gregor Baranow,

Editora-chefe
Lindsay Azambuja

Supervisora editorial
Ariadne Nunes Wenger

Analista editorial
Ariel Martins

Análise de informação
Ariadne Nunes Wenger

Revisão de texto
Alexandre Olsemann

Capa
Denis Kaio Tanaami

Projeto gráfico
Bruno Palma e Silva

Diagramação
Katiane Cabral

Iconografia
Danielle Scholtz

Dados Internacionais de Catalogação na Publicação (CIP)
(Câmara Brasileira do Livro, SP, Brasil)

Ferro, Jeferson
    Produção e avaliação de materiais didáticos em
língua materna e estrangeira/Jeferson Ferro, Juliana
Cristina Faggion Bergmann. Curitiba: InterSaberes, 2013.
(Coleção Metodologia do Ensino de Língua Portuguesa
e Estrangeira; v. 4)

    Bibliografia.
    ISBN 978-85-8212-600-4

    1. Linguagem e línguas – Composição e exercícios –
Estudo e ensino 2. Linguagem e línguas – Estudo e ensino
I. Bergmann, Juliana Cristina Faggion II. Título III. Série.

12-10014   CDD-407

Índices para catálogo sistemático:
1. Linguagem e línguas: Linguística: Estudo e ensino 407

1ª edição, 2013.

Foi feito o depósito legal.

Informamos que é de inteira responsabilidade
dos autores a emissão de conceitos.

Nenhuma parte desta publicação poderá ser
reproduzida por qualquer meio ou forma sem a
prévia autorização da Editora InterSaberes.

A violação dos direitos autorais é crime
estabelecido na Lei n. 9.610/1998 e punido
pelo art. 184 do Código Penal.

Sumário

Apresentação, 9

Introdução, 13

Material didático e o ensino-aprendizagem de línguas, 15

1.1   Funções e características dos materiais didáticos, 17

1.2   Tipos de materiais, 19

1.3   Livro didático: recurso por excelência?, 22

1.4   Objeto de críticas, 23

Síntese, 26

Atividades de Autoavaliação, 26

Atividades de Aprendizagem, 29

Atividade Aplicada: Prática, 29

Língua materna: avaliação de materiais didáticos, 31

2.1 Como avaliar para escolher bem o livro didático?, 33

2.2 Programa Nacional do Livro Didático (PNLD), 39

Síntese, 44

Indicações culturais, 45

Atividades de Autoavaliação, 45

Atividades de Aprendizagem, 47

Atividade Aplicada: Prática, 48

Língua materna: produção de materiais didáticos, 49

3.1 Materiais didáticos mais próximos da sala de aula, 51

3.2 Todos com um mesmo objetivo?, 53

3.3 Diferentes linguagens, diferentes textos, 55

3.4 Sequências e sugestões de atividades, 58

Síntese, 60

Atividades de Autoavaliação, 60

Atividades de Aprendizagem, 62

Atividades Aplicadas: Prática, 63

Língua estrangeira: leitura e escrita – avaliação de materiais didáticos, 65

4.1 Por que lemos um texto?, 67

4.2 A abordagem – do problema à solução, 70

4.3 Redes de significação, 72

4.4 Parâmetros para o trabalho com textos, 74

4.5 A produção escrita, 76

Síntese, 78

Indicação cultural, 79

Atividades de Autoavaliação, 80

Atividades de Aprendizagem, 81

Atividade Aplicada: Prática, 82

Língua estrangeira: leitura e escrita – produção de materiais didáticos, 83

5.1 Leitura: um jogo de adivinhação, 85

5.2 O problema: a visão túnel, 87

5.3 Estratégias e soluções, 89

5.4 Aprender vocabulário, 95

5.5 A produção de textos, 98

Síntese, 102

Atividades de Autoavaliação, 103

Atividades de Aprendizagem, 104

Atividade Aplicada: Prática, 105

Língua estrangeira: fala e audição – avaliação e produção de materiais didáticos, 107

6.1 A compreensão auditiva: características principais, 109

6.2 Problemas e soluções, 111

6.3 A produção oral: aspectos gerais, 115

6.4 O papel da motivação, 121

Síntese, 122

Atividades de Autoavaliação, 123

Atividades de Aprendizagem, 125

Atividade Aplicada: Prática, 125

Considerações finais, 127

Glossário, 129

Referências, 131

Bibliografia comentada, 135

Gabarito, 139

Nota sobre os autores, 143

Apresentação

A surpreendente multiplicidade de recursos midiáticos que se encontra hoje ao nosso alcance tem modificado substancialmente a maneira como lidamos com o conhecimento e suas formas de transmissão. O advento da internet, inserida no contexto da expansão dos meios eletrônicos de comunicação, tornou-se um fator preponderante no processo de ensino-aprendizagem, sobretudo no que diz respeito ao ensino de línguas estrangeiras. É fato que hoje, nas grandes cidades do país, para realizar pesquisas escolares, os alunos não mais abrem livros, mas *sites* na *web*. Consequentemente, a própria noção de livro e a de "valor de verdade" do que se escreve encontram-se abaladas.

Por isso, iniciamos esta obra instigando uma primeira reflexão acerca de uma discussão recorrente dentro da didática: a necessidade ou não de adoção do livro didático. Discutimos, assim, o uso de materiais em sala de aula de língua materna ou estrangeira, abordando sua importância e as diferentes características e aplicações, sempre inseridos nas atuais metodologias de ensino de línguas.

Em seguida, tratamos dos diferentes aspectos relativos à seleção de materiais didáticos para utilização em sala de aula de língua materna, considerando a variedade de materiais disponíveis, os valores refletidos neles, os objetivos e as habilidades a serem trabalhados em sala de aula, o projeto curricular das escolas e as necessidades dos alunos. Além disso, analisamos diferentes instrumentos de avaliação de materiais, como o Programa Nacional do Livro Didático (PNLD), formulados para servirem como facilitadores do processo de escolha.

No terceiro capítulo, abordaremos questões relativas à elaboração dos próprios materiais, considerando os prós e os contras, sua adaptação às necessidades e aos objetivos dos alunos, a produção de materiais coerentes com a base metodológica do curso (coerência com o projeto curricular da escola, adequação ao contexto, avaliação do uso do material) e a utilização de documentos autênticos como fonte de materiais didáticos para o ensino-aprendizagem de língua materna.

A partir do quarto capítulo, mudamos o foco para as línguas estrangeiras e iniciamos especificamente com os temas de leitura e escrita. Partimos dos aspectos mencionados nos capítulos anteriores, que abordam o processo de ensino-aprendizagem da língua materna, considerando sua pertinência para o caso das línguas estrangeiras. Esperamos ser capazes de analisar os princípios básicos que regem a compreensão de textos em língua estrangeira, investigando para isso os processos cognitivos de leitura e interpretação, princípios que estarão também ligados à prática da escrita. Com base nessa compreensão, podemos avaliar materiais didáticos que empregam as estratégias de ensino mais utilizadas atualmente, que refletem sobre sua aplicabilidade em diferentes contextos.

No capítulo seguinte, buscamos definir parâmetros para o desenvolvimento de materiais adequados a contextos de nosso interesse. Empregamos o resultado de nosso trabalho de análise e reflexão realizado anteriormente para a criação de materiais didáticos de leitura e escrita, seguindo os parâmetros que definimos como apropriados para que nossos objetivos pedagógicos sejam plenamente alcançados.

Por fim, focamos a comunicação oral, nas suas habilidades ativa e receptiva, realizando no último capítulo deste livro os trabalhos de reflexão sobre materiais didáticos existentes, bem como o de produção de materiais adequados aos nossos interesses. Para isso, faz-se necessário aprofundar nossa discussão sobre os princípios fundamentais que regem o processo de ensino-aprendizagem do idioma estrangeiro, investigando com maior detalhamento as questões pertinentes à fala e à audição.

Ao longo de todo o livro, buscamos reforçar os princípios fundamentais que guiaram nossa análise do processo de ensino-aprendizagem das línguas materna e estrangeira. Dessa forma, esperamos abordar de forma interdependente os aspectos que julgamos determinantes para uma prática pedagógica significativa na área do ensino de línguas.

Introdução

> *A educação é algo admirável, mas é bom lembrar de vez em quando que nada que vale a pena saber pode ser ensinado.**
> (Oscar Wilde, 1961)

Construir a ponte que liga o conteúdo teórico à prática de sala de aula é o grande desafio que se coloca a nós, educadores. De pouco adiantará nos tornarmos especialistas em teorias da linguagem se isso não tiver reflexos positivos em nossa prática de ensino, que é o parâmetro real para nosso trabalho.

* Tradução nossa. Original: *Education is an admirable thing, but it is well to remember from time to time that nothing that is worth knowing can be taught.*

Por isso, a provocação de Oscar Wilde, que disse há mais de um século (1891) as palavras da epígrafe deste texto, é particularmente instigante para nós, autores. Especialmente porque desenvolvemos um livro voltado a professores, com realidades tão distintas, as quais de certa forma procuramos apreender com base em parâmetros curriculares nacionais. Diante de tal diversidade, não poderíamos adotar uma linha de trabalho prescritiva, mas sim instigar a reflexão e a autonomia do professor no processo educativo, a qual muitas vezes é cedida para o material didático.

Questionar nossa prática pedagógica não significa ser niilista ou ainda dizer que os alunos aprendem apesar do professor. Não podemos deixar de reconhecer que o papel tradicional do educador como detentor do conhecimento já não tem mais lugar em nosso mundo. Porém, muito mais do que uma perda de poder, essa mudança representa uma libertação para a prática didática realmente significativa, aquela que poderá contrariar a Oscar Wilde. Se não temos mais a chave do cofre onde se guardava o conhecimento, temos outras chaves mais importantes: as que trazem o conhecimento dos livros para a vida. É este o desafio que nos levou a desenvolver esta obra.

Capítulo 1

Neste capítulo, refletimos sobre a necessidade ou não de adoção do livro didático para o ensino-aprendizagem de línguas, materna ou estrangeiras. Analisamos também o uso de outros tipos de materiais em sala de aula, abordando sua importância e as diferentes características e aplicações, com base nas atuais metodologias de ensino de línguas.

Não podemos negar que o contexto de ensino-aprendizagem de línguas é complexo e envolve diversos fatores relacionados ao aluno, ao professor e à situação de aprendizagem. Influenciados pelas metodologias de ensino de línguas vigentes a partir da década de 1970, são vários os estudos e as reflexões que focalizam aspectos relacionados ao aluno e ao processo de ensino-aprendizagem. No entanto, nesse momento, direcionamos nosso olhar e nossa atenção à situação de aprendizagem e, mais especificamente, a um elemento sempre presente em sala de aula: o material didático.

Ao pensar em materiais didáticos, o que vem à sua mente? Um tipo apenas? Vários? De que natureza são esses materiais? Todos têm a mesma função? Você os utiliza com frequência? Seu uso em sala de aula é importante? É sobre estas e outras perguntas que construiremos este capítulo.

Material didático e o ensino-aprendizagem de línguas

> *Mais vale uma cabeça benfeita*
> *que bem cheia.*
> *(Montaigne, citado por*
> *Edgar Morin, 2001, p. 21)*

1.1 Funções e características dos materiais didáticos

A aprendizagem em um ambiente formal de ensino, ou seja, em sala de aula, ocorre com a ajuda e a utilização de recursos ou meios[m]*, que são materiais que servem para planificar, desenvolver e avaliar um conteúdo, e isso nos mostra que, ao contrário do que usualmente pensamos, os materiais didáticos não são necessariamente recursos utilizados apenas pelo aluno, mas podem também estar relacionados ao trabalho do professor, auxiliando-o na sua tarefa de:

---

* A presença do ícone [m] indica a inclusão do termo em questão no Glossário, ao final da obra.

- **Planificação**: por meio da organização e da apresentação de conteúdos e atividades que serão trabalhados em sala.
- **Execução**: com sugestões de atividades e observações metodológicas para enriquecer e ajudar o professor em seu trabalho em sala de aula.
- **Avaliação do conteúdo trabalhado em sala**: com sugestão de avaliações e atividades que forneçam dados ao professor sobre o desenvolvimento de seus alunos.

Desse modo, os materiais didáticos cumprem uma função principal de mediação no processo de ensino-aprendizagem, auxiliando na função de avaliação do progresso da aprendizagem do aluno quando efetuada por este, pelos familiares e pelo professor.

Mas essa não é sua única função, mesmo que talvez seja a mais importante, não é mesmo? Um instrumento tão complexo possui várias dimensões, várias funções, das quais nem sempre nos damos conta, como a de ser:

- **Inovador**: ao introduzir um novo material, apresentando ao aluno uma nova gama de conhecimentos e conceitos.
- **Motivador**: em especial captando a atenção do aluno para a importância dos conteúdos que serão trabalhados.
- **Estruturador da realidade**: organizando os conceitos por ele apresentados e estabelecendo pontes entre o conhecimento e a vida do estudante.
- **Configurador** do tipo de relação que o aluno mantém com os conteúdos da aprendizagem.
- **Controlador** dos conteúdos a serem ensinados, determinando uma progressão de aprendizagem.
- **Comunicativo**: o material é um agente de comunicação cultural e pedagógica, difundindo pontos de vista e servindo como representante da metodologia da qual faz parte.

Devemos perceber que essas funções dos materiais didáticos têm muita influência no processo de aprendizagem do aluno e na sua dinâmica, inclusive porque podem condicionar as características de muitas variáveis que constituem o ambiente da sala de aula ou mesmo tornar-se o elemento central em sua configuração.

Mas ainda surge uma pergunta importante: Qualquer objeto pode ser ou se tornar "didático"? Pode uma simples chave, uma caneta ou uma maçã serem consideradas recursos didáticos? A resposta é afirmativa.Basta que se estabeleçam o uso que se faz de cada material e a maneira como ele é apresentado e trabalhado em sala de aula. Algumas sugestões de atividades serão dadas nos capítulos seguintes, quando abordaremos mais especificamente o assunto.

1.2 Tipos de materiais

São vários os materiais pensados e preparados para serem utilizados em uma sala de aula de línguas, levando em conta a diversidade de objetos para esse uso. O pesquisador espanhol Parcerisa-Arán (1996), por exemplo, classifica os materiais de acordo com o suporte que se utilizam, que podem ser ou não em papel.

1.2.1 Outros suportes que não o papel

Os materiais que utilizam outros suportes que não o papel são aqueles que desenvolvem também a tarefa de mediadores no processo de ensino-aprendizagem. Eles começam, mesmo que lentamente, a ocupar um lugar nos estabelecimentos de educação. Apesar de serem cada vez mais conhecidos e difundidos, eles ainda têm sua utilização limitada por diversas razões, como o preço ou a necessidade de outros equipamentos para um uso combinado (por exemplo: o CD-ROM ou a internet precisam de um computador com alguns recursos como um leitor de CD ou uma linha telefônica com provedor).

Embora existam frequentemente dificuldades e impedimentos financeiros no uso desses materiais, eles são de grande apelo, pois chamam bastante a atenção do aluno para o conteúdo ensinado e auxiliam o professor na mediação do processo de ensino-aprendizagem de seus alunos. Também conhecidos como **novas tecnologias**, esses recursos podem ser:

~ **Informática**: CD-ROM, *softwares*, gráficos, internet – hipermídia e hipertexto etc.

~ **Multimídia**: vídeos, projetor de *slides*, aparelhos de rádio/CD, fotografias, TV, animações, transparências, som etc.

~ **Telecomunicações**: *e-mail*, *chat*, videoconferências, redes de telecomunicação etc.

1.2.2 Materiais em papel

Os materiais que utilizam o papel como suporte são atualmente os mais requisitados nos estabelecimentos de ensino, podendo chegar a até 85% dos recursos, em alguns casos. Isso se deve, em parte, pela sua facilidade de acesso já que estão muito presentes no nosso dia a dia e pelo fato de não exigirem outros meios além dele mesmo. Esses materiais podem ser:

~ **Livros**: didáticos ou manuais; de autoformação; de consulta, como dicionários[m] ou enciclopédias; de imagem – atlas; de arte – literários; entre outros.

~ **Fascículos**: colecionáveis; monografias etc.

~ **Imprensa**: jornais e revistas; especializados; HQ.

~ **Guias didáticos**.

Entre os livros usados em sala, alguns possuem "cadeira cativa" entre alunos e professores, como o livro didático[m], o caderno de atividades[m], o caderno de exercícios[m], o livro paradidático[m] ou o livro do professor[m].

Segundo a ABNT 14869, o livro didático

> *se destina à aprendizagem de conhecimentos contidos nas matérias oficiais de ensino fundamental e ensino médio, permitindo ao aluno incorporar o conhecimento de forma estruturada e progressiva, desenvolvendo seu senso crítico e sua capacidade de contribuir para a evolução da sociedade. Ele deve apresentar forma e tratamento visual de acordo com as mais adequadas técnicas pedagógicas e despertar no aluno o seu interesse para manusear e conhecer o conteúdo do livro.*
> (ABNT, 2002, p. 3)

Ele é o principal representante da metodologia que será desenvolvida, mas é complementado por outros materiais, que enriquecem seu conteúdo.

O **caderno de atividades** é um desses materiais, sendo que este apresenta propostas de atividades a serem desenvolvidas pelo aluno individualmente ou em equipe, relacionadas ao conteúdo do livro didático. Essas atividades vão desde pesquisas até jogos e brincadeiras. Já o **caderno de exercícios** é um livro destinado exclusivamente ao aluno, apresentando exercícios correspondentes ao conteúdo do livro didático. Além desses, o **livro paradidático** também é um material complementar ao livro didático, discutindo de maneira mais aprofundada os temas trabalhados no material principal.

Por fim, temos um material de uso exclusivo do professor, dos auxiliares ou dos monitores. O **livro do professor** contém a orientação metodológica para o ensino da disciplina, indicando os recursos didáticos mais adequados para auxiliar o professor no preparo e na condução de uma aula dinâmica, atualizada, criativa e interessante ao aluno.

1.3 Livro didático: recurso por excelência?

Já vimos anteriormente que os materiais que utilizam o papel como suporte, e mais especificamente os livros didáticos, são os que têm maior incidência quantitativa e qualitativa na aprendizagem em sala de aula. O livro didático é considerado por muitos alunos e professores o "recurso por excelência". Como é afirmado no PNLD[1], através do *Guia do Livro Didático*, de 2007:

> Ao contrário de instrumentos como o vídeo, por exemplo, o livro é o domínio por excelência da escrita. Por isso mesmo, é por meio dele que temos acesso privilegiado à cultura letrada. E como vocês já sabem, até mesmo por suas histórias pessoais, ler e escrever são competências básicas, tanto para a conquista progressiva da autonomia nos estudos quanto para o sucesso escolar. Talvez por simbolizar todas essas promessas, o livro — assim como o caderno novo, de que nos fala João Cabral, em Morte e Vida Severina — é capaz de exercer um grande fascínio sobre o aprendiz, seduzindo-o de uma forma muito própria.
> (Brasil, 2006, p. 11)

Acredita-se que eles chegam a condicionar de maneira importante o tipo de ensino que se realiza em sala, já que muitos professores utilizam-no de maneira restrita, fechada, limitando-se a ele.

Nesse material, em um número determinado de páginas, desenvolve-se o conteúdo de uma área ou disciplina para um nível ou curso escolar, distribuindo os conteúdos em lições ou unidades. E é exatamente por essa característica de desenvolver e organizar conteúdos que o livro didático acaba "seduzindo" o professor, que se deixa envolver pelas facilidades que ele aporta, com atividades já constituídas, mas sem necessariamente interferir em seu conteúdo. O livro, ao ser adotado, é usado, muitas vezes, como a única referência do aluno (e por que não, do professor) em relação à língua materna – no que diz respeito ao seu registro formal – e à língua estrangeira – em todos os seus aspectos: oralidade e escrita. Sobre isso, Carmagnani (1999, p. 127) afirma que "o livro didático ainda é a fonte mais utilizada na escola e, em muitos contextos, a única fonte de acesso ao 'saber institucionalizado' de que dispõem professores e alunos".

Você, leitor, sabe que geralmente o livro está pensado para um uso centrado na comunicação da lição por parte do professor e para o estudo individual sobre o próprio livro, mediante a leitura e a realização das tarefas propostas, sem uma real possibilidade de intervenção do aluno no processo. O mais importante a ser destacado sobre esses fatores é que eles desestimulam, ou pelo menos não estimulam, o professor a buscar novas possibilidades de atividades, a ser criativo, a adaptar suas aulas às necessidades e aos objetivos dos alunos, transformando-as em algo mais significativo e especial para todos.

Assim, lembre-se sempre de que o livro didático é um excelente recurso para ser usado em sala de aula, na organização dos conteúdos, da progressão da aprendizagem, com o objetivo de transmitir conhecimento, motivar e sensibilizar o aluno, desenvolver suas capacidades e competências, integrar e consolidar suas aquisições, permitir a avaliação dessas aquisições tanto pelo professor quanto pelo aluno, favorecer revisões e aprofundamentos, além de desenvolver a autonomia do aluno, mas que não deve ser usado como um recurso único e restrito, sem que permita a interferência do professor e do aluno com outras possibilidades de atividades, textos etc.

1.4 Objeto de críticas

Como vimos até agora, um dos elementos ligados à aprendizagem de uma língua em situação escolar é o livro didático, que pode exercer o papel ideal de simples orientador e guia do processo de ensino-aprendizagem da língua, mas que ocupa frequentemente uma posição central em sala de aula, determinando os conteúdos que serão trabalhados, assim como a metodologia e o ritmo que serão aplicados pelo professor.

Com o desenvolvimento da abordagem comunicativa*, a utilização dos livros didáticos começa a ser criticada pelos especialistas em didática de línguas estrangeiras, que o consideram como um material artificial e pouco comunicativo, o que deixaria o professor em posição de escravidão, limitando ou mesmo impedindo a sua criatividade.

Na atualidade, é ainda forte a discussão sobre o papel e a importância do livro didático em sala de língua estrangeira. Para vários pesquisadores, além de seu preço, geralmente muito caro, o livro didático não encoraja a pesquisa pessoal, nem do aprendiz nem do professor, e instala em sala uma rotina confortável, sem autenticidade, idealizando uma visão de mundo diferente da vida real e sem refletir as necessidades dos aprendizes. Para outros, o livro didático é um guia importante para o aprendiz, dando uma visibilidade ao programa que será desenvolvido em sala, mantendo a qualidade das aulas. Segundo os profissionais "a favor" dos livros didáticos, tais materiais ajudam a padronizar o ensino, a oferecer uma variedade de recursos e de modelos de linguagem e a treinar os professores sem experiência.

Na prática, é grande a importância dada ao livro didático como ferramenta de ensino. Geralmente o professor tem uma pesada carga de aulas por semana e utiliza o material como uma receita pronta mais simples e fácil a executar. No caso do ensino de línguas, é verdade que existe, de qualquer maneira, um grande leque de materiais a escolher, todos se propondo a serem comunicativos e práticos, mas a resposta

---

* A abordagem metodológica do ensino de línguas prevê a centralização da aprendizagem no aluno, que aprende por meio da comunicação em uma situação real de uso da língua.

dada pelos defensores da não adoção do livro didático é a de que "a abordagem comunicativa, quando fixada por e num material didático, passa a ser tão impositiva quanto o estruturalismo, abordagem metodológica anterior" (Coracini, 1999, p. 19). Isso acontece, principalmente, por causa da importância dada ao livro didático pelo professor.

Mesmo se utilizando de várias tentativas para o ensino da língua sem a adoção dos livros didáticos, por meio da utilização de textos autênticos, por exemplo, essa metodologia mostrou-se ineficiente e especialmente complexa pela dificuldade de se dispor de todo o material do qual o professor tinha necessidade. Essa situação é ainda agravada no ensino de línguas estrangeiras, cujo acesso aos textos autênticos e atuais na língua-alvo é geralmente difícil e caro. Isso obriga o professor a optar pela adoção de um livro que funcione como um fio condutor para as atividades que serão desenvolvidas em sala e que é frequentemente a única fonte de consulta e leitura para os alunos e, por vezes, mesmo para o professor. A favor dessa escolha, o professor pode também contar com a facilidade que o livro didático traz ao trabalho do professor no que diz respeito à determinação do conteúdo, sua progressão e economia de tempo para preparar cada curso ou aula.

Outras críticas ao uso do livro didático em sala apontam que ele é escrito, na maioria dos casos, para dar respostas a exames, como avaliações ou prova de vestibular, incentivando principalmente aprendizagens mecânicas e de memorização; que é uma ferramenta "já pensada", utilizada para que o professor não tenha de refletir; que não está suficientemente próximo das realidades do professor e do aluno; que tem a possibilidade de enfatizar alguns significados e práticas em detrimento de outros; que apresenta um tratamento por vezes unidirecional de conteúdos, sem trazer diversidade de pontos de vista ou os conteúdos como algo acabado e sem possibilidade de ser questionado, fomentando uma atitude passiva por parte do aluno, não incentivando a pesquisa nem o contraste entre a educação escolar e a realidade extraescolar e não respeitando as diferenças de aprendizagem entre os alunos, como forma e ritmo.

Mas qual seria então a solução? Abandonar completamente o uso do livro didático? Seguramente que não. A solução é a adoção criteriosa de materiais, além da interferência direta do professor no enriquecimento dos conteúdos e das atividades praticadas em sala. Vamos discutir esse tema de maneira mais aprofundada no próximo capítulo?

Síntese

Você viu neste capítulo que são várias as possibilidades de uso de materiais de maneira didática, além do próprio livro didático, conhecido como o "recurso didático por excelência". Apesar desse *status*, percebemos que seu uso não é uma unanimidade, sendo objeto de fortes críticas, especialmente depois do advento da abordagem comunicativa.

Atividades de Autoavaliação

1. Observe esta citação de Wander Soares (2007):

   Hoje, o**** ampliou sua função precípua. Além de transferir os conhecimentos orais à linguagem escrita, tornou-se um instrumento pedagógico que possibilita o processo de intelectualização e contribui para a formação social e política do indivíduo. Ele instrui, informa, diverte, mas, acima de tudo, prepara para a liberdade.

   O termo que melhor substitui o símbolo **** é:
   a) livro do professor.
   b) caderno de exercícios.
   c) livro didático.
   d) caderno de atividades.

2. Indique (V) para os materiais que podem ser considerados didáticos e (F) para os que não podem e depois assinale a alternativa correspondente à sequência formada:
( ) Jornal.
( ) *E-mail*.
( ) Caderno de atividades.
( ) Maçã.
a) F, F, V, V
b) F, F, V, F
c) F, V, V, F
d) V, V, V, V

3. O uso dos diferentes materiais didáticos em sala de aula é interessante por vários motivos, **exceto** porque eles:
   a) apresentam todos os conteúdos e as atividades necessários para preencher todas as aulas.
   b) transmitem conhecimento.
   c) motivam os alunos.
   d) permitem a avaliação por parte do aluno e do professor.

4. São várias as críticas feitas quanto ao uso do livro didático em sala de aula, em especial quando relacionadas ao ensino de língua materna e estrangeira. Marque (V) para as proposições verdadeiras ou (F) para as falsas, para aquelas feitas pelos críticos de materiais didáticos:
( ) O livro didático determina aquilo que o professor vai fazer em sala de aula e a sua maneira de desenvolver o trabalho.
( ) O livro didático condiciona o aluno a aprender de forma mecânica, por meio da simples memorização de conteúdos.
( ) É uma ferramenta elaborada para que o professor não tenha de pensar.

( ) É uma ferramenta que apresenta uma diversidade de pontos de vista para o aluno e para o professor.

a) V, V, F, F
b) V, V, V, F
c) V, F, F, F
d) V, F, V, F

5. Observe a afirmação a seguir, presente no *Guia do Livro Didático*, de 2007, e citada na seção 1.3 deste material.

> *Ao contrário de instrumentos como o vídeo, por exemplo, o livro é o domínio por excelência da escrita. Por isso mesmo, é por meio dele que temos acesso privilegiado à cultura letrada. E como vocês já sabem, até mesmo por suas histórias pessoais, ler e escrever são competências básicas, tanto para a conquista progressiva da autonomia nos estudos quanto para o sucesso escolar. Talvez por simbolizar todas essas promessas, o livro — assim como o caderno novo, de que nos fala João Cabral, em* Morte e Vida Severina *— é capaz de exercer um grande fascínio sobre o aprendiz, seduzindo-o de uma forma muito própria.*

A respeito desse texto, podemos afirmar que:

a) apesar do uso cada vez maior das novas tecnologias de informação em sala de aula, o livro ainda é o recurso preferido pelos alunos.
b) o livro e o vídeo são recursos que nos dão acesso à cultura letrada.
c) a leitura e a escrita são elementos essenciais para a conquista da autonomia do indivíduo em seus estudos.
d) o livro *Morte e Vida Severina*, de João Cabral de Melo Neto, é capaz de exercer um grande fascínio sobre o aprendiz.

Atividades de Aprendizagem

1. Discuta e reflita com seus colegas sobre o papel do livro didático em sala de aula. Ele deve realmente assumir um papel central no ambiente de aprendizagem? Quais são as vantagens e as desvantagens dessa posição?

2. Discuta e reflita com seus colegas sobre as críticas feitas, especialmente nos anos de 1980 e de 1990, quanto ao uso dos livros didáticos em sala de aula.

Atividade Aplicada: Prática

Observe na(s) escola(s) da sua cidade ou região quais são os materiais didáticos usados pelos professores em sala de aula. São apenas livros ou existem outros recursos? Algum desses materiais é inusitado? Existe algum que você não tinha imaginado anteriormente como sendo "didático"?

Capítulo 2

Tendo como base os temas abordados no capítulo anterior, discutiremos neste capítulo os diferentes aspectos relativos à seleção de materiais didáticos para utilização em sala de aula de língua materna, considerando a variedade de materiais disponíveis, os valores refletidos no material, os objetivos e as habilidades a serem trabalhados em sala de aula, o projeto curricular das escolas e as necessidades dos alunos. Além disso, analisaremos diferentes instrumentos de avaliação de materiais, como o PNLD, formulados para servirem como facilitadores do processo de escolha.

Como vimos no final do capítulo anterior, a seleção criteriosa dos materiais que serão utilizados em sala de aula determina a qualidade dessas aulas e do processo de aprendizagem. Considerando todos os elementos e a realidade da sala de aula, a questão que se coloca é: Como escolher bem um livro didático?

Língua materna: avaliação de materiais didáticos

> *Uma inteligência incapaz de perceber*
> *o contexto e o complexo planetário*
> *fica cega, inconsciente e irresponsável.*
> (Edgar Morin, 2004, p. 15)

2.1 Como avaliar para escolher bem o livro didático?

Na realidade, a resposta ideal a essa questão deveria ser: "uma escolha a partir das expectativas dos alunos, bem como as suas necessidades, sua idade etc.". Contudo, segundo Carmagnani (1999), não é sempre esta a situação encontrada na prática das escolas. Segundo a autora, a escolha de um livro didático depende da influência da editora, de sua estratégia de comercialização, dos acordos feitos com as direções das escolas e de outros aspectos, além das qualidades pedagógicas do material. Não há dúvidas de que essa estratégia aplicada pelas editoras influenciou também, e influencia sempre, as mudanças e as evoluções dos livros didáticos no Brasil.

Esse testemunho de Carmagnani, mesmo se bastante extremista, mostra que o professor, principalmente das escolas públicas, não é sempre autônomo para escolher o material que ele considera ser o mais adaptado para ser utilizado em sala de aula. De qualquer maneira, cabe a ele, sempre que possível, escolher o livro didático mais próximo da realidade dos alunos e de suas expectativas. Mas, quando este não preenche todas essas necessidades, é imprescindível que seja complementado pelo professor, com atividades, textos e conceitos, em uma prática que discutiremos no próximo capítulo.

Por agora, voltemos ao questionamento sobre a escolha do livro didático. Como discutimos anteriormente, ela deve estar baseada em critérios. Mas quais? De que natureza?

Cunningsworth (1995), em seu livro *Choosing your Coursebook*, propõe quatro critérios para a escolha. Segundo ele, um livro didático deve corresponder às necessidades do aluno, refletir os usos que o indivíduo vai fazer da língua, facilitar o processo de aprendizagem sem impor "dogmaticamente" um método rígido e desenvolver claramente o papel de suporte para aprendizagem.

Ilustração 2.1 – Critérios para escolha do livro didático

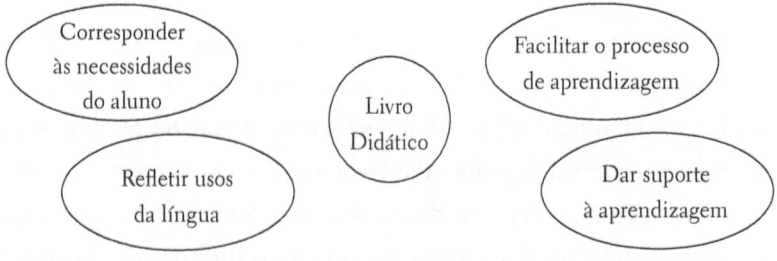

Uma escolha mais prática para responder a essa questão pode ser, como mostram Cuq e Gruca (2003), a utilização de um número considerável de tabelas e ferramentas de avaliação de livros didáticos colocados à disposição do professor, o que permite uma avaliação do material por meio de alguns pontos de referência, como o público visado, o tipo de língua privilegiada ou o conteúdo linguístico apresentado.

Com essa ideia de ajudar o professor na tarefa de escolher seu material, Savoir-Livre, uma associação francesa fundada por editores de livros didáticos para a reflexão e o debate de temas ligados aos recursos pedagógicos, publicou, no início de 2004, uma espécie de cartilha com os critérios considerados por eles como essenciais para serem avaliados para uma boa escolha, que seriam: critérios gerais, critérios didáticos, critérios pedagógicos e critérios específicos em função da disciplina.

Vamos conhecê-los mais de perto!

2.1.1 Critérios gerais

O que chama a atenção aqui é a análise de tópicos que, normalmente, os professores não levam em consideração no momento da escolha, como formato e organização estética do material, mas são fatores relevantes, já que farão diferença em uma maior ou menor aceitação do material pelo aluno. Assim, alguns dos critérios gerais selecionados pela Savoir-Livre para serem considerados são:

- **Formato adaptado**: deve ser de fácil manipulação.
- **Organização estética e funcional**: ela deve ser harmônica e coerente com pontos próprios que despertem a curiosidade; isso permite que se encontrem mais facilmente as informações de que professor e aluno necessitam.
- **Fácil referenciação**: tabelas, sumário, léxico, índice, glossário, tipografia, cores, logomarcas etc. O uso de tabelas, cores e logomarcas, por exemplo, é importante, especialmente para facilitar a

sistematização e a organização dos conteúdos aprendidos, atingindo alunos com diferentes estilos de aprendizagem.
~ **Qualidade das ilustrações**: diversidade, função estética, função informativa, lembrando que as ilustrações só podem ser compreendidas eficazmente se puderem ser legíveis ao aluno.
~ **Variedade de suportes de informação**: documentos, textos, croquis, fotografias, esquemas, desenhos; aqui também temos um facilitador do processo por meio da variedade de recursos, que atinge alunos com diferentes estilos de aprendizagem.
~ **Legibilidade**: vocabulário e sintaxe adaptados, densidade da informação; outro ponto importante é verificar sempre se o vocabulário utilizado no material é adaptado à idade e ao nível de escolaridade dos alunos.
~ **Diversidade de informação e de pontos de vista**.

Este último ponto apresentado merece de nós uma atenção especial. É importante estarmos conscientes de que o livro didático traz um discurso e uma ideologia, assim como a escola é um aparelho ideológico do Estado. Como constata Souza (1999, p. 27), "supõe-se que o livro didático contenha uma verdade sacramentada a ser transmitida e compartilhada. Verdade já dada que o professor, legitimado e institucionalmente autorizado a manejar o livro didático, deve apenas reproduzir, cabendo ao aluno assimilá-la".

Assim, para que o aluno perceba que o material que ele tem em mãos é apenas uma possibilidade entre várias e que cabe a ele mesmo buscar a melhor delas, é necessário o contato com variados pontos de vista, diferentes ângulos de um mesmo tema. Só assim ele estará se fortalecendo como indivíduo autônomo, que seleciona e reflete diante da diversidade de informações às quais temos um acesso cada vez mais fácil.

2.1.2 Critérios didáticos

No que se refere aos critérios didáticos, estes já são muito mais analisados pelos professores, até de maneira intuitiva, antes da escolha do material. Assim, a seguir apresentamos algumas reflexões que servem como diretrizes para a análise do livro didático. Ele deve propor:

~ conteúdos de acordo com o currículo proposto. No caso das escolas públicas brasileiras, esse currículo pode ser dado, por exemplo, pelas diretrizes nacionais;

~ progressão adaptada ao nível;

~ situações motivadoras que colocam o aluno como pesquisador ativo, sentindo-se responsável por suas descobertas e aprendizagens;

~ situações-problema, nas quais o aluno é estimulado a encontrar soluções, utilizando conceitos aprendidos;

~ documentos estimuladores do espírito crítico, favorecendo o conhecimento de diferentes pontos de vista e incitando a argumentação;

~ exercícios em quantidade suficiente;

~ exercícios de reforço;

~ dispositivo de avaliação;

~ dispositivo de remediação, com ferramentas para os estudos dirigidos;

~ aspectos lúdicos.

Outra característica importante de um livro didático é, por exemplo, quando ele permite uma utilização não linear e flexível, para que o professor possa trabalhar da maneira que acredita ser a mais conveniente para com os seus objetivos e os de seus alunos, inter-relacionando-o também com outras disciplinas, com outras pesquisas efetuadas pelo aluno ou com outros suportes pedagógicos, como textos, vídeos, jogos etc., além de levar em conta a diversidade dos alunos, seus centros de interesse e maneiras de aprender.

2.1.3 Critérios pedagógicos

Os critérios pedagógicos abordam aspectos que unem as teorias envolvidas no processo de ensino-aprendizagem dos conteúdos às atividades que as solidificam como método. Desse modo, é importante observarmos se o livro didático analisado:

- ~ apresenta uma coerência entre suas referências teóricas e os conteúdos propostos ao aluno;
- ~ dispõe de uma coerência entre as competências esperadas do aluno e as situações a ele propostas;
- ~ anuncia claramente ao aluno aquilo que ele vai aprender;
- ~ inter-relaciona os conteúdos apresentados, estabelecendo conexões lógicas e significativas entre eles;
- ~ é indutor de questionamento, estimulando o aluno a refletir sobre diferentes pontos de vista;
- ~ solicita a atitude e a iniciativa do aluno, estimulando-o a participar de seu processo de aprendizagem, buscando respostas a seus questionamentos;
- ~ evidencia os conhecimentos a serem memorizados, mostrando ao aluno aquilo que é essencial e que deve ser fixado;
- ~ traz conhecimentos culturais variados: biografias, relatos de acontecimentos, documentos etc.

Não podemos esquecer também a importância do fornecimento de informações sempre corretas e atualizadas por parte do livro didático, possibilitando uma leitura e uma aprendizagem seguras pelo aluno, ajudando-o a construir uma metodologia da aprendizagem, a fazer a síntese dos conhecimentos estudados, a adquirir um comportamento de leitor e, especialmente, a ser um indivíduo autônomo.

2.1.4 Critérios específicos

Essa é a última etapa de avaliação e aqui são levados em consideração os aspectos relacionados à disciplina avaliada, ou seja, a Língua Portuguesa. Apesar de ser provavelmente a categoria de critérios mais importante de todas, já que é aquela específica da disciplina que será trabalhada pelo professor, ela é a que apresenta menos critérios selecionados pela associação Savoir-livre, possivelmente por acreditar que esses são os mais claros para os professores, tanto que terminam com o símbolo (...), deixando claro que sua lista está longe de ser exaustiva. Assim, os critérios citados por eles, em forma de perguntas, são:

1. O livro didático permite assegurar a coerência entre as atividades de leitura ou de escrita e as atividades "reflexivas" (ortografia, gramática, conjugação...)?
2. O livro didático propõe textos autênticos, textos modificados ou textos reescritos?
3. Os exercícios são pertinentes e em quantidade suficiente?

2.2 Programa Nacional do Livro Didático (PNLD)

Como você deve saber, no Brasil existe um programa do Ministério da Educação, o PNLD, que analisa e seleciona livros didáticos com o objetivo de manter a qualidade dos materiais utilizados nas escolas públicas de todo o país.

A cada três anos é elaborada uma nova versão do *Guia do Livro Didático*, estabelecendo uma análise criteriosa (são cerca de 120 critérios) e uma pré-seleção dos livros e servindo como norteador das escolhas que o professor e as escolas podem fazer para selecionar o material que desejam adotar.

Discutimos, a partir de agora, alguns dos critérios estabelecidos para a avaliação de materiais didáticos no Brasil.

2.2.1 Livros didáticos de Língua Portuguesa para o ensino fundamental

Entre vários critérios estabelecidos para essa seleção, um deles é o de que não são aceitas, com exceção dos livros de alfabetização e 1ª série, obras consumíveis, isto é, aquelas nas quais não podem haver exercícios e atividades que envolvam, por exemplo, escrita ou desenvolvimento de cálculos no próprio livro. Essa decisão tem um caráter prático: a reutilização do mesmo material por diferentes alunos por três anos seguidos, diminuindo os custos com os livros.

Apesar das questões financeiras de redução de custos ligadas a essa determinação, essa prática também tem seus pontos negativos. Um deles é a dificuldade no estabelecimento de uma relação próxima entre o aluno e seu livro, já que existem restrições quanto ao seu uso. A consequência é que essa relação torna-se distante, sem um comprometimento mais significativo de sua parte e não estimulando o estabelecimento de uma afinidade – elemento importante para o processo de ensino-aprendizagem – entre os dois.

Outros critérios para a análise têm como fonte os objetivos de Língua Portuguesa para o ensino fundamental, explicitados nos Parâmetros Curriculares Nacionais (PCN), além dos princípios e dos critérios para a avaliação de livros didáticos, especificados no *Guia do Livro Didático*, elaborado pelo PNLD, como está afirmado no *Guia de Língua Portuguesa*, de 2005:

> *De princípios bastante abrangentes, diretamente relacionados aos objetivos gerais do ensino de Língua Portuguesa para o segundo segmento do Ensino Fundamental, decorrem todos os demais critérios aplicados aos quatro grandes domínios da área: Leitura, Produção de Textos, Linguagem Oral e Conhecimentos Linguísticos relativos ao discurso, ao texto e à descrição gramatical.* (Brasil, 2004, p. 5)

Ainda de acordo com o Ministério da Educação e Cultura (MEC), os objetivos centrais do ensino de Língua Portuguesa, nos quatro ciclos do ensino fundamental, devem ser:

~ *o processo de apropriação e de desenvolvimento, pelo aluno, da linguagem escrita e da linguagem oral – especialmente das formas da linguagem oral que circulam em espaços públicos e formais de comunicação –, nas maneiras mais complexas e variadas possíveis;*

~ *o desenvolvimento da proficiência na norma culta, especialmente em sua modalidade escrita, mas também nas situações orais públicas em que seu uso é socialmente requerido, sem que se desconsiderem as demais variedades linguísticas que funcionam em outras situações;*

~ *a prática de análise e reflexão sobre a língua, na medida em que se fizer necessária ao desenvolvimento da proficiência oral e escrita, em compreensão e produção de textos.* (Brasil, 2004, p. 249)

Assim, depois de uma organização dos materiais com base nas menções "excluído", "não recomendado", "recomendado com ressalva", "recomendado" ou "recomendado com distinção", utilizadas entre os anos de 1997 e 2004, desde 2005, apenas duas categorizações são utilizadas: "aprovadas" e "excluídas". Após a análise de todos os materiais, cada guia apresenta a resenha dos livros aprovados pela comissão, organizados pelos temas "a coleção" ("conhecendo" para o PNLD 2007) – descrição dos elementos que a compõem –, "a análise" ("avaliando" para o PNLD 2007) – parecer elaborado pela comissão avaliadora –, e "em sala de aula" – orientações para o uso do material em sala de aula.

Mas, se você não é professor de uma escola pública de ensino fundamental, precisa utilizar o *Guia do Livro Didático*? Na verdade, não! Isso porque as escolas particulares têm uma maior liberdade de escolha dos livros ou, muitas vezes, elaboram seus próprios materiais, mas não há dúvida de que ele pode ser um bom auxiliar no conhecimento das coleções já existentes no mercado, em razão de estar em sintonia com os preceitos teóricos mais atuais.

2.2.2 Dicionários

Além dos materiais que compõem as coleções para o ensino de Língua Portuguesa – livro didático, livro do professor e caderno de exercícios –, no ano de 2006 foram analisados diferentes dicionários de língua portuguesa, para serem enviados às escolas públicas de ensino fundamental. Para isso, "todos foram avaliados por uma comissão de especialistas – linguistas, lexicógrafos, professores de português, pedagogos – de universidades de diferentes estados do País"(Brasil, 2007).

Com essa análise, estabeleceu-se a seleção dos dicionários em três tipos:

> *Dicionários de tipo 1:*
> *- mínimo de 1.000, máximo de 3.000 verbetes;*
> *- proposta lexicográfica adequada à introdução do alfabetizando ao gênero dicionário.*
> *Dicionários de tipo 2:*
> *- mínimo de 3.500, máximo de 10.000 verbetes;*
> *- proposta lexicográfica adequada a alunos em fase de consolidação do domínio da escrita.*
> *Dicionários de tipo 3:*
> *- mínimo de 19.000 e máximo de 35.000 verbetes;*
> *- proposta lexicográfica orientada pelas características de um dicionário padrão, porém adequada a alunos das últimas séries do primeiro segmento do Ensino Fundamental.*[8]

Esses tipos de dicionários constam no acervo das bibliotecas das escolas, "cada um deles destinado a uma etapa específica do processo de alfabetização e letramento dos alunos" (Brasil, 2007)*, conforme veremos no quadro a seguir:

Quadro 2.1 – Caracterização dos acervos

Público-alvo	Acervos	Ensino Fundamental de oito anos	Ensino Fundamental de nove anos
Turmas em fase de alfabetização	Acervo 1 – Composto por dicionários de Tipo 1 e Tipo 2	1ª e 2ª séries	1º ao 3º ano
Turmas em processo de desenvolvimento da língua escrita	Acervo 2 – Composto por dicionários de Tipo 2 e Tipo 3	3ª e 4ª séries	4º e 5º anos

Fonte: BRASIL, 2007.

É importante ressaltar aqui a importância frequente de um dicionário de qualidade. Não é raro encontrar alunos que não usam dicionários (nem sabem fazê-lo) por acreditarem que ele é o "pai dos burros", em uma menção à maneira como ele é conhecido por muitos. Essa denominação é extremamente pejorativa e induz o aluno a acreditar erroneamente que ele é burro, por exemplo, por ignorar o significado de uma palavra, criando uma barreira para a utilização de um instrumento essencial para o conhecimento da nossa própria língua.

Estimular e ensinar os alunos a utilizar o dicionário em sala de aula e em casa é fundamental, pois isso contribuirá para o enriquecimento do vocabulário deles.

---

* O resultado das análises pode ser encontrado no portal do MEC (http://portal.mec.gov.br).

2.2.3 Funcionamento do Programa Nacional do Livro para o Ensino Médio (PNLEM)

O envio gratuito por parte do governo federal de materiais didáticos para as escolas públicas sempre foi restrito às séries do ensino fundamental, como vimos anteriormente. No entanto, a partir de 2004, foi implantado o PNLEM[m].

O programa atendeu inicialmente a mais de 5.000 escolas das regiões Norte e Nordeste, distribuindo livros das disciplinas de Língua Portuguesa e Matemática, em um primeiro momento de 1ª série, porém chegou gradativamente a atingir a totalidade dos alunos do ensino médio. A exceção para o recebimento desse material seria as escolas dos Estados de Minas Gerais e do Paraná, que desenvolvem programas próprios para a elaboração dos materiais. Vale ressaltar que, devido à obrigatoriedade do ensino da Língua Espanhola no país, conjuntos de livros dessa língua também foram distribuídos em forma de *kits* complementados por dois dicionários, um monolíngue em língua espanhola e um bilíngue português-espanhol, uma gramática e um livro do professor (Brasil, 2007).

Síntese

Neste capítulo, pudemos perceber a importância de se fazer uma boa escolha do material que será usado em sala de aula, considerando as necessidades e os objetivos dos alunos, além de outros fatores, e a grande quantidade de critérios que devem ser considerados no momento dessa escolha. Além disso, vimos as características dos diferentes programas do governo federal para a análise dos livros didáticos utilizados nas escolas públicas de todo o país: o PNLD e o PNLEM.

Indicações culturais

São várias as publicações da Secretaria de Educação Básica (SEB), entre elas estão: os PCN, as *Orientações para a Formação Continuada de Professores da Educação Básica* e os *Referenciais para a Formação de Professores*, entre outros. Esses documentos estão disponíveis na página da SEB, dentro do portal do MEC.

Outro projeto interessante é a TV Escola, elaborado pela Secretaria de Educação a Distância, que pode também ser melhor conhecido pelo portal do MEC.

Atividades de Autoavaliação

1. Segundo Cunningsworth, para que um livro didático seja considerado adequado para o uso com determinado grupo, ele **não** deve:
   a) corresponder às necessidades do aluno.
   b) impor dogmaticamente um método rígido.
   c) refletir os usos que o indivíduo vai fazer da língua.
   d) desenvolver claramente o papel de suporte para aprendizagem.

2. O uso do livro didático em sala de aula deve prever o fato de os alunos serem diferentes e, por consequência, aprenderem de diferentes maneiras. Assim, ele não deve considerar apenas um elemento como forma única de apresentar o conteúdo e as atividades. Tendo como base essa afirmação, estabeleça (V) para verdadeiro e (F) para falso em cada uma das seguintes sentenças e depois assinale a alternativa que apresenta a sequência correta:
   ( ) O uso de imagens e figuras no livro didático pode ser um elemento poluidor, dificultando a compreensão da informação pelo aluno.
   ( ) O uso de tabelas e cores facilita uma sistematização e organização dos conteúdos aprendidos.

( ) A variedade de suportes de informação como documentos, textos, fotografias, esquemas e desenhos é um facilitador do processo de aprendizagem.

a) F, V, F
b) V, F, V
c) V, V, V
d) V, V, V

3. No que diz respeito aos conteúdos trabalhados no livro didático, podemos afirmar que eles:
   a) devem apresentar sempre a verdade, que é determinada pelas teorias linguísticas da época.
   b) devem apresentar todos os pontos de vista e todas as possibilidades relacionadas ao conteúdo.
   c) devem responder a todas as dúvidas dos alunos, sem que necessitem buscar outras fontes de informação.
   d) devem estimular o aluno a buscar outras possibilidades relacionadas ao conteúdo, além daquela apresentada no material.

4. O uso de materiais didáticos consumíveis para alunos da escola pública da 2ª a 8ª séries traz algumas consequências ao processo de ensino-aprendizagem e às questões relacionadas à escola. Considerando essa afirmação, assinale (V) verdadeiro ou (F) falso, para cada uma das sentenças que segue e depois assinale a alternativa que apresenta a sequência correta:
   ( ) O aluno pode não interagir com o material, já que este não o pertence.
   ( ) Possibilita o acesso e o uso do material por vários alunos.
   ( ) Permite que o aluno receba um material já respondido, não estimulando a busca pela informação.

a) V, V, F
b) F, F, F
c) V, V, V
d) V, F, F

5. São objetivos centrais do ensino de Língua Portuguesa no Brasil, de acordo com as diretrizes do governo federal, **exceto**:
   a) processo de apropriação e de desenvolvimento da linguagem escrita e oral.
   b) desenvolvimento da proficiência da norma culta, em sua forma escrita e oral.
   c) processo de apropriação e de desenvolvimento da linguagem escrita, já que a oralidade é praticada fora da escola.
   d) análise e reflexão sobre a língua, à medida que for necessária para a proficiência escrita e oral.

Atividades de Aprendizagem

1. No momento de analisar os critérios específicos dos livros didáticos, considerando o curso de língua materna, a associação Savoir-Livre apresenta apenas duas sugestões, deixando em aberto ao professor o estabelecimento de outros critérios. Que critérios poderiam ser esses? Discuta com profissionais da área e, em seguida, enriqueça a lista dos critérios apresentados.

2. De todos os critérios apresentados nos *Guias do Livro Didático de Língua Portuguesa*, quais você classificaria como os mais importantes e significativos? Por quê? Se você ainda não tem esse material, pode consultá-lo no portal do MEC: <http://portal.mec.gov.br/seb/index.php?option=content&task=view&id=377>.

3. Você sabe usar de maneira correta o dicionário com todas as suas possibilidades? Você conhece as nomenclaturas e as abreviaturas utilizadas? Discuta esse uso com pessoas da área.

Atividade Aplicada: Prática

Que tal uma pequena "enquete" com os profissionais da sua área de atuação? Pergunte aos professores de português ou aos responsáveis pela escolha do material de Língua Portuguesa: Quais critérios eles adotaram nesse processo? Eles já sentiram dificuldades nas escolhas? Quais? Como solucionaram essas dúvidas?

Capítulo 3

Iniciaremos este capítulo refletindo sobre a elaboração de materiais didáticos próprios, considerando seus prós e contras, sua adaptação às necessidades e aos objetivos dos alunos, a produção de materiais coerentes com a base metodológica do curso (coerência com o projeto curricular da escola, adequação ao contexto, avaliação do uso do material) e a utilização de documentos autênticos como fonte de materiais didáticos para o ensino-aprendizagem de língua materna.

Língua materna: produção de materiais didáticos

> *Devemos, pois, pensar o problema do ensino, considerando que a aptidão para contextualizar e integrar é uma qualidade fundamental da mente humana, que precisa ser desenvolvida, e não atrofiada.*
> (Edgar Morin, 2001, p. 16)

3.1 Materiais didáticos mais próximos da sala de aula

Como vimos nos dois primeiros capítulos deste livro, são muitos os materiais que podemos utilizar em sala de aula como auxiliares do processo de ensino-aprendizagem de línguas. Livros didáticos, caderno de exercícios, gramáticas, CDs, CD-ROMs, por exemplo, são materiais encontrados com facilidade, já prontos e elaborados por meio das mais modernas metodologias de aquisição de línguas. Parece perfeito, não?

No entanto, em nossa prática diária, percebemos frequentemente a necessidade – e, por vezes, a vontade – de adaptar esses materiais, modificando-os. Mas por que e para que fazê-lo se eles já são preparados didaticamente para preencherem todas as possíveis lacunas que possam ocorrer durante o processo de aprendizagem do aluno?

A resposta a esses anseios do professor, ou pelo menos uma delas, pode ser a necessidade que temos, às vezes de maneira intuitiva, de aproximar os materiais já existentes no mercado da realidade de nossos alunos. Essa ação é, na verdade, uma tentativa do professor de transformar a aprendizagem e os recursos utilizados para tal em um processo significativo para o aluno, o que reflete de maneira direta em seu desempenho como aprendiz.

Só essa razão já justificaria qualquer modificação que o professor quisesse fazer em suas aulas. Aproximar o conteúdo apresentado em sala de aula daquilo que ele irá vivenciar (ou vivencia) na sua vida cotidiana é o primeiro passo para uma identificação do aluno com a essência do aprender, motivando-o a uma busca cada vez maior do conhecimento, privilegiando sua qualidade e significância.

No que diz respeito ao aprendizado da língua materna mais especificamente, essa mesma ideia é sugerida e aplicada nos PCN de Língua Portuguesa, quando afirmam que:

> *É nas práticas sociais, em situações linguisticamente significativas, que se dá a expansão da capacidade de uso da linguagem e a construção ativa de novas capacidades que possibilitam o domínio cada vez maior de diferentes padrões de fala e de escrita.* (Brasil, 1998a, p. 33)

Assim, fica claro que, quanto mais próximas das práticas cotidianas do aluno, mais significativas são as aprendizagens por ele desenvolvidas, e o papel da escola – em especial a figura do professor – nesse processo é essencial, quando este busca o desenvolvimento de seus alunos de maneira crítica e consciente e garante a todos o acesso aos saberes linguísticos necessários para o exercício da sua cidadania.

Desse modo, fica clara a importância de uma interferência do professor na adaptação dos materiais preexistentes aos interesses e ao objetivos de seus alunos. Quaisquer modificações nesses materiais precisam, no entanto, ser feitas de maneira cuidadosa e criteriosa, já que devem fazer parte de um todo coerente metodologicamente.

É necessário, portanto, refletirmos sobre quais fatores devem ser levados em consideração na elaboração e na adaptação dos materiais didáticos, assim como quais deles podem fazer parte do processo de aprendizagem de maneira a enriquecê-la e maximizá-la. Para isso, discutiremos um pouco os objetivos mais gerais de nossos alunos e o currículo que os rege.

3.2 Todos com um mesmo objetivo?

Afinal, nossos alunos, independente da região do Brasil onde vivem, têm os mesmos objetivos, as mesmas expectativas e os mesmos interesses?

Uma resposta positiva a essa pergunta seria simplificar muito uma questão tão complexa como esta, mas uma resposta totalmente negativa também nos faria cair na mesma armadilha. Não há dúvida de que sujeitos de diferentes regiões, em especial no Brasil, um país tão grande, têm também interesses diferentes, mas algumas características, objetivos e expectativas são similares, já que são decorrentes de fatores como idade ou cultura.

Essa similitude entre sujeitos de uma mesma idade é comprovada por resultados escolares também similares aplicados em várias regiões brasileiras. Dificuldades no domínio da leitura e da escrita, por exemplo, são tão recorrentes que suscitaram um grande debate entre os principais profissionais da área, como mostra este trecho dos PCN de Língua Portuguesa para o ensino fundamental:

> O eixo dessa discussão [acerca da necessidade de melhorar a qualidade do ensino no país] no ensino fundamental centra-se, principalmente, no domínio da leitura e da escrita pelos alunos, responsável pelo fracasso escolar que se expressa com clareza nos dois funis em que se concentra a maior parte da repetência; na primeira série (ou nas duas primeiras) e na quinta série. No primeiro, pela dificuldade de alfabetizar; no segundo, por não conseguir levar os alunos ao uso apropriado de padrões da linguagem escrita, condição primordial para que continuem a progredir. (Brasil, 1998a, p. 17)

Como resultado dessa discussão e em uma crítica à excessiva valorização da gramática normativa no ensino da Língua Portuguesa, assume-se então um objetivo comum para todos os alunos do país: que cada um deles, por meio do conhecimento cada vez mais aprofundado de sua língua, seja capaz de interpretar diferentes tipos de textos, compreendê-los como uma unidade significativa global e produzi-los de modo eficaz e com relevância.

Na prática, isso se dá com a compreensão e a subsequente utilização, por parte do aluno, de diferentes linguagens, fontes de informação e recursos tecnológicos, com o objetivo final de desenvolver um conhecimento discursivo e linguístico, com o qual o aluno possa questionar a realidade em que vive e formular problemas para, em seguida, resolvê-los.

> Organizar situações de aprendizado, nessa perspectiva, supõe: planejar situações de interação nas quais esses conhecimentos sejam construídos e/ou tematizados; organizar atividades que procurem recriar na sala de aula situações enunciativas de outros espaços que não o escolar, considerando-se sua especificidade e a inevitável transposição didática que o conteúdo sofrerá; saber que a escola é um espaço de interação social onde práticas sociais de linguagem acontecem e se circunstanciam,

> *assumindo características bastante específicas em função de sua finalidade: o ensino.* (Brasil, 1998a, p. 22)

Essa linha metodológica pode ser percebida claramente em muitos, senão na maioria, dos livros didáticos elaborados atualmente para o ensino da Língua Portuguesa. Neles é cada vez mais frequente o uso maciço de textos, estimulando o aluno a uma reflexão contínua e crítica da sua realidade e levando-o a uma maior eficácia em diferentes situações de interação social.

Percebemos com tudo isso que, com todas as discussões estabelecidas por profissionais da área, com o intuito de unir teoria e prática em uma metodologia de trabalho ideal para o ensino da língua materna, ela ainda será inevitavelmente incompleta, já que está baseada nos objetivos globais dos alunos, que são em realidade determinados por um currículo a ser seguido por todas as escolas do país, sem a participação direta dos professores – mesmo que alguns tenham sido consultados – e, menos ainda, dos alunos.

Portanto, a única maneira de fazer com que o interesse do aluno seja levado em consideração de maneira efetiva é a adaptação de um material elaborado para cumprir os objetivos globais, para que cumpra também sua função de aproximação com o sujeito, com o aluno.

De que maneira poderemos fazer isso? É o que discutiremos em seguida!

3.3 Diferentes linguagens, diferentes textos

O encaminhamento metodológico dado pelos PCN de Língua Portuguesa é muito interessante no que diz respeito ao uso de textos em sala de aula que possibilitam e estimulam a compreensão de um mundo real, palpável, mais próximo da sua vida cotidiana. Para isso, é necessário que o aluno utilize habilmente os diferentes tipos de linguagem, processo considerado pelos PCN como uma atividade discursiva e cognitiva, como mostra o trecho a seguir:

> Linguagem aqui se entende, no fundamental, como ação interindividual orientada por uma finalidade específica, um processo de interlocução que se realiza nas práticas sociais existentes nos diferentes grupos de uma sociedade, nos distintos momentos de sua história. Os homens e as mulheres interagem pela linguagem tanto numa conversa informal, entre amigos, ou na redação de uma carta pessoal, quanto na produção de uma crônica, uma novela, um poema, um relatório profissional. (Brasil, 1998a, p. 20)

É nesse momento que o professor tem a oportunidade de criar atividades significativas e adaptadas aos interesses e aos objetivos de seus alunos. Para tal reformulação, considerando todos os objetivos educativos, devem ser especificados aqueles considerados como prioritários, de acordo com o tipo de estabelecimento de ensino, localização geográfica, características socioculturais, entre outros.

Com base nessa determinação de prioridades feita pelo professor, passa a ser mais fácil compreender as necessidades de adaptação do material, suprindo suas possíveis falhas. Por meio da diversificação no uso de tipos de textos, com a utilização de *cartoons*, *haikais*, cordéis, entre outros, é possível preencher lacunas, já que estes muitas vezes não figuram nos livros didáticos por se tratarem de textos, estilos ou temas mais regionais.

Variedade gera interesse, que gera **motivação**!

Os próprios PCN apresentam sugestões no que diz respeito aos tipos de textos que podem (e devem!) ser usados nas práticas em sala de aula. Eles são organizados considerando as quatro habilidades fundamentais que queremos desenvolver com o ensino de línguas, seja ela materna, seja estrangeira: compreensão oral e escrita – chamadas no documento de *prática de escuta* e *leitura de textos* – e expressão oral e escrita – chamadas de *produção de textos orais* e *produção de textos escritos*. Quem sabe você pode ter alguma ideia para aplicar em suas aulas?

Assim, os gêneros estão organizados da seguinte maneira:

Quadro 3.1 – Prática de escuta e leitura de textos

Literatura	Linguagem oral	cordel, causos e similares, texto dramático e canção
	Linguagem escrita	crônica, conto, novela, romance, texto dramático e poema
De imprensa	Linguagem oral	comentário radiofônico, entrevista, debate e depoimento
	Linguagem escrita	notícia, editorial, artigo, carta do leitor, reportagem, charge, tira e entrevista
De divulgação científica	Linguagem oral	exposição, seminário, palestra e debate
	Linguagem escrita	artigo, relatório de experiências, didático (textos, enunciados de questões) e verbete enciclopédico (nota/artigo)
Publicidade	Linguagem oral	propaganda
	Linguagem escrita	propaganda

Fonte: BRASIL, 1998a, p. 54.

Quadro 3.2 – Produção de textos orais e escritos

Literatura	Linguagem oral	canção e textos dramáticos
	Linguagem escrita	crônica, conto e poema
De imprensa	Linguagem oral	notícia, entrevista, debate e depoimento
	Linguagem escrita	notícia, artigo, carta do leitor e entrevista
De divulgação científica	Linguagem oral	exposição, seminário e debate
	Linguagem escrita	relatório de experiências, esquema e resumo de artigos ou verbetes de enciclopédia

Fonte: BRASIL, 1998a, p. 56.

Além da aproximação do aluno com os conteúdos aprendidos e com os textos, outro ponto importante dessa variação de gêneros textuais é a percepção de que existe uma variação linguística importante em nosso país, com diferenças regionais significativas, que nem sempre aparecem de maneira ampla nos materiais. Essa falta de discussão sobre o assunto é, na maioria das vezes, a responsável por uma questão importante e que deve ser combatida: o preconceito linguístico.

Não entraremos mais especificamente nesse assunto, já que não é nosso foco aqui, mas gostaríamos de reforçar a ideia de que é importante conhecermos o diferente para percebermos que ele nada mais é do que "diferente", e não melhor ou pior. Só combatemos o preconceito, seja ele qual for, conhecendo o outro, o contexto em que está inserido e as razões para que ele seja como é. Variedades regionais existem, é claro, e devem ser tratadas como uma forma de riqueza cultural para o país e para todos nós, como brasileiros.

Acreditamos, portanto, que uma das funções do ensino da Língua Portuguesa na escola é a de reforçar conceitos positivos em relação à nossa própria língua e, por consequência, da nossa cultura, e que esse encaminhamento deve ser feito não apenas através dos materiais didáticos, mas também por meio da postura do professor em sala de aula e do direcionamento que ele dará às suas atividades.

3.4 Sequências e sugestões de atividades

Independente da atividade que será proposta pelo professor, é importante ter sempre em mente a manutenção de um encaminhamento metodológico, de um fio condutor unindo todos os conteúdos e/ou materiais e estabelecendo relações entre eles. Esse cuidado é essencial para que a aprendizagem tenha um significado, articulando logicamente os conteúdos, permitindo que o aluno possa contextualizá-los e situá-los em relação a aprendizagens prévias.

A sequência das atividades que serão propostas é, na verdade, o aspecto central da dinâmica de trabalho do grupo (ou da classe), e é a análise dessas sequências, e não de atividades isoladas, que permitirá saber se os objetivos da aprendizagem estão sendo cumpridos. A capacidade ou não do aluno em responder a um exercício ou atividade específicos não pode mensurar seu real conhecimento, já que seria pontual.

Assim, é a sequência de atividades, em uma avaliação formativa, que mostrará claramente ao professor o desenrolar do processo de ensino-aprendizagem de seus alunos. Para isso, o professor deve ter muito claro, para si mesmo, em um primeiro momento, quais são os objetivos da atividade que está propondo e o que espera do aluno com tal atividade.

Essa clareza na apresentação dos objetivos e do que se espera com a atividade deve, em seguida, ficar clara também para o aluno, para que ele conheça e assuma o sentido do que lhe foi proposto, já que, como vimos anteriormente, é mediante a percepção do significado de uma atividade que o sujeito se sente responsável pelos seus resultados e, por consequência, embutido cognitivamente em seu processo de aprendizagem e motivado para alcançar seus objetivos.

Desse modo, para que se dê uma aprendizagem real, devem ser previstas atividades que favoreçam a implicação mental do aluno, que ajudem a sua motivação e que sejam fomentadoras de dúvidas, perguntas e questionamentos, utilizando-as como ponto de partida para que o aluno encontre uma nova "segurança" cognitiva. Na aprendizagem da Língua Portuguesa, por exemplo, é interessante que os alunos estabeleçam debates, por meio de textos, músicas, vídeos etc., com os quais possam analisar diferentes argumentos para um mesmo tema, ou que deva resolver um problema, responder a um questionamento, também tendo como fonte alguns tipos de documentação.

Para finalizar, destacamos também a importância da contribuição direta dos alunos na escolha desses documentos-fonte, trazendo para a sala de aula a letra de uma música, para ser ouvida e discutida, um poema, um artigo de jornal ou uma cena específica de um filme ou programa favorito. O fato de um indivíduo trazer para o ambiente escolar aquilo que interessa a ele, em sua vida fora dos muros da escola, mostra sua motivação para aprender.

Incentive isso em seus alunos!

Síntese

Discutimos neste capítulo a importância da elaboração de materiais didáticos próprios, percebendo a importância de sua adaptação às necessidades e aos objetivos dos alunos, mediante a produção de materiais coerentes com a base metodológica do curso, do projeto curricular da escola e dos parâmetros curriculares estabelecidos pelo MEC, além da utilização de documentos autênticos como fonte de materiais didáticos para o ensino-aprendizagem de língua materna.

Atividades de Autoavaliação

1. Partindo do princípio de que os materiais didáticos presentes no mercado foram metodologicamente pensados com o objetivo de ajudar o professor a desenvolver da melhor forma possível seu papel de auxiliar no processo de ensino-aprendizagem do aluno, a melhor razão para a adaptação desses materiais é:
    a) preencher as lacunas deixadas pelo material.
    b) aproximar os conteúdos aprendidos da realidade do aluno.
    c) trazer para a sala os textos que faltam no material.
    d) suprir falhas apresentadas no material.

2. As afirmações que seguem dizem respeito à modificação e à adaptação de materiais e atividades feitas pelo professor com o uso desses materiais em sala de aula. Indique (V) para as proposições que você considera verdadeiras e (F) para as falsas. Em seguida, selecione o item em que consta a sequência correta de respostas:
   ( ) A aproximação dos conteúdos com a realidade dos alunos favorece a aprendizagem destes.
   ( ) O conteúdo apresentado pelos livros didáticos é suficiente para cativar o aluno em sua aprendizagem.
   ( ) O fato de o aluno não estar envolvido afetivamente com a sua aprendizagem não influencia no resultado final desse processo.
   a) F, V, V
   b) V, F, V
   c) V, V, F
   d) V, F, F

3. Considerando a elaboração de novas atividades para o trabalho em sala de aula, indique (V) para as afirmações que você considera verdadeiras e (F) para as falsas. Em seguida, selecione o item que apresenta a sequência correta de respostas:
   ( ) As atividades devem estar de acordo com o encaminhamento metodológico adotado pelo professor.
   ( ) O professor deve conhecer bem os objetivos dos alunos antes de elaborar suas atividades.
   ( ) As atividades aplicadas devem seguir as já apresentadas no livro didático, para não confundir o aluno.
   a) V, V, F
   b) F, V, V
   c) F, F, V
   d) V, F, F

4. As afirmações que seguem dizem respeito aos objetivos do ensino de Língua Portuguesa nas escolas brasileiras. Indique (V) para aquelas que você considera verdadeiras e (F) para as falsas. Em seguida, selecione o item que apresenta a sequência correta de respostas:

( ) Como determinam os PCN, todos os alunos brasileiros têm os mesmos objetivos para sua aprendizagem.

( ) Como estão baseados nos PCN, os materiais didáticos elaborados no Brasil abrangem todos os interesses dos alunos brasileiros.

( ) Mesmo mantendo objetivos comuns, é importante a adaptação dos livros didáticos às necessidades específicas de cada grupo de alunos.

a) F, V, V
b) V, V, F
c) F, F, V
d) V, F, F

5. Quanto à variedade linguística no Brasil, é correto afirmar:
a) A escola não deve preocupar-se com ela, já que existe um português padrão a ser ensinado.
b) Ela só existe em regiões mais desfavorecidas do país, onde o acesso à escola é ainda restrito.
c) Ela deve ser discutida e apresentada nos livros didáticos como uma característica natural de qualquer língua.
d) Ela deve ser apresentada nos livros didáticos com o objetivo de padronizar o português do Brasil.

Atividades de Aprendizagem

1. Com base nos documentos apresentados pelo PNLD, analise, com os seus colegas, os critérios de avaliação levantados pelo programa.

2. Em sala de aula, você modifica seus materiais didáticos? Quais? Com que objetivos? E seus colegas de profissão?

Atividades Aplicadas: Prática

1. Escolha um ou mais livros didáticos para o ensino da Língua Portuguesa. Analise-o(s), elabore uma resenha de cada um deles e compare suas impressões com as de seus colegas e com a resenha apresentada pelo PNLD.

2. Tendo como base as questões teóricas apresentadas neste capítulo, elabore atividades que desenvolvam as quatro habilidades linguísticas dos alunos, considerando os diferentes registros da língua.

Capítulo 4

Neste capítulo, procuraremos levantar alguns aspectos relativos ao aprendizado de línguas estrangeiras fundamentais para a compreensão das habilidades da leitura e da escrita, que serão tratadas por nós como habilidades interdependentes. São estas as habilidades dominantes nas grades curriculares das escolas de todo o país, e por isso as considerações levantadas aqui servirão também como base para os próximos capítulos. Devemos ser capazes de compreender os princípios básicos que regem a compreensão de textos em língua estrangeira, investigando para isso os processos cognitivos de leitura e interpretação. Entendemos que a escrita é uma habilidade cujo desenvolvimento depende da leitura, sua face "receptiva", e por isso alguns dos princípios que fundamentam a compreensão de textos estarão também sustentando a produção textual. Com base nessa investigação, podemos avaliar materiais didáticos que empregam as estratégias de ensino mais utilizadas atualmente, refletindo sobre sua aplicabilidade em diferentes contextos.

Língua estrangeira: leitura e escrita – avaliação de materiais didáticos

> *O conhecimento que ninguém pode colocar em palavras não é o conhecimento que possa ser comunicado pelo ensino direto.*
> *(Frank Smith, 1999, p. 83)*

4.1 Por que lemos um texto?

Houve um tempo em que um texto didático em língua estrangeira era um subproduto do tópico de linguagem que se buscava ensinar em determinado capítulo do material. Ou seja, se a proposta era introduzir o tempo passado, colocava-se então um texto descrevendo o que "Mike havia feito no seu final de semana". Os alunos deveriam ler o texto, identificar as formas verbais e, de quebra, aprender o vocabulário necessário para falar sobre o tema. Nada mais prático e direto, diria o autor, e talvez ainda hoje seja possível encontrarmos materiais produzidos por meio deste pressuposto: o texto é um mero exemplo da linguagem que se quer ensinar.

Por trás dessa ideia está o conceito de que se deve ensinar uma língua como sistema, e que, no processo de aprendizagem, a língua é um fim em si mesma. Aprender um idioma estrangeiro, assim, significaria dominar as regras gramaticais que regem seu funcionamento, munindo-se de um vocabulário razoável para as situações mais diversas, completando o dueto "sintaxe & semântica" da língua estudada. O foco do ensino, portanto, estaria na forma linguística. Qual seria o problema com essa abordagem?

Se pensarmos a respeito daquele suposto texto utilizado para introduzir o tempo passado, o problema é que não sabemos quem é Mike, e tampouco queremos saber, o que já nos impede de se importar com o que ele fez no final de semana. Além disso, o "problema" é que buscamos aprender um idioma estrangeiro porque queremos descobrir coisas por meio dele, conhecer pessoas (pessoas de verdade e não "Mikes" que sequer existem), visitar lugares etc. Trabalhar com textos artificiais, desprovidos de significação real, implica destituir o material didático de um dos aspectos fundamentais à sua efetividade: o interesse. Mais do que isso, significa excluir os dois elementos mais importantes do processo de aprendizagem: o leitor e o mundo. Se o texto não fala sobre o mundo, o leitor não terá como se sentir interessado nele, ficando, assim, com um belo exemplo de "cadáver literal" nas mãos, pois um texto que não significa nada não pode ter vida.

Nossa prática pedagógica, portanto, não pode se pautar pela abordagem formalista pura, ainda que a "forma" seja muito importante. O ensino do idioma estrangeiro está inserido num contexto educacional condicionado pela realidade histórico-social dos aprendizes e por isso possui um sentido particular que precisa ser equacionado entre educador e educandos. É preciso antes de tudo responder a duas perguntas fundamentais: Por que se busca aprender um idioma estrangeiro? Que relação esse idioma tem com o universo dos educandos? Das respostas a essas questões surgirá o "como" se deve ensinar o idioma. Portanto, o educador deve estar ciente da responsabilidade que tem nesse processo, assim como dos riscos envolvidos em se abrir mão de sua autonomia ao optar por um material didático que já realizou as escolhas que irão pautar o seu caminho.

Um texto fala sobre algo ou alguém que existe no mundo – até mesmo a ficção –, e esse "objeto" do texto, por sua vez, deverá estar de alguma forma ligado ao leitor. Sem essa ligação, que é fruto do interesse do leitor em saber o que diz o texto, dificilmente ele servirá a algum propósito didático. O leitor tem sua visão de mundo, e é com ela que ele irá abordar o texto. Se não houver um ponto de encontro entre "o mundo que está na cabeça do leitor" e o "mundo que está no texto", dificilmente haverá comunicação. Se não houver comunicação, tampouco haverá aprendizado.

Não é difícil entender como isso acontece. Imagine um texto de uma área de conhecimento com a qual você não tem familiaridade alguma – endocrinologia, mecânica dos fluidos, lógica binária etc. – e que, portanto, você não seria capaz de dizer absolutamente nada a respeito dela, além do nome. Nessa situação, o "mundo do texto" e o "mundo do leitor" não têm qualquer ponto em comum, portanto o ponto de intersecção entre os três círculos da figura a seguir (mundo-texto-leitor) estaria vazio. A possibilidade de tal texto gerar algum conhecimento para você será nula.

Figura 4.1 – O texto, o leitor e o mundo

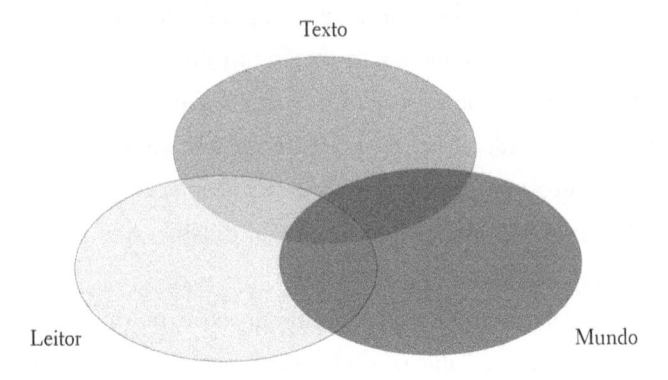

Dificilmente algo tão radical acontecerá com textos em livros didáticos. Porém, isso não significa que os temas serão interessantes aos alunos simplesmente por estarem lá. Tampouco é garantido de antemão que o conhecimento de mundo do aluno será suficiente para que ele acesse as informações do texto. Tais questões são, portanto, fundamentais para a aplicabilidade de um texto em sala de aula, e cabe ao professor tê-las em mente no seu processo de escolha do material didático.

4.2 A abordagem – do problema à solução

O ponto de partida para as pesquisas sobre a leitura, e também o que provavelmente é ainda hoje o seu maior engano, foi a abordagem que foca a superfície do texto, ou seja, entende-se que o processo de leitura depende basicamente da capacidade dos leitores reconhecerem uma multiplicidade de sinais linguísticos (letras, morfemas, sílabas, palavras, frases, instrumentos gramaticais, marcadores de discurso) e usarem seus mecanismos de processamento de linguagem para ordenar esses sinais – tal qual proposto no texto sobre Mike. Essa abordagem parte da superfície do texto e pressupõe um conhecimento sofisticado da língua, sem nos dizer muito sobre como o leitor chega ao seu significado.

É fácil entendermos por que começamos com a superfície do texto. As palavras numa folha branca são algo bastante concreto se comparadas a formulações mentais nos cérebros dos estudantes. Porém, não chegaremos muito longe se continuarmos acreditando que os significados estão só ali, na estrutura das palavras.

Como contraponto a essa abordagem, surgiu a *schema theory*, que, ao invés de conceber o significado com base na superfície linguística do texto, faz o caminho inverso, ou seja, defende que o entendimento do texto se efetiva por meio de um conhecimento prévio do mundo. Essa abordagem trabalha com a bagagem de conhecimento que o leitor traz consigo para o texto a fim de extrair seu significado. Os pesquisadores Clarke e Silberstein, que publicaram trabalhos sobre leitura no final da década de 1970, definiram a essência da *schema theory*:

> *Pesquisas nos mostram que a leitura é apenas parcialmente visual. Mais informação sobre o significado do texto está na cabeça do leitor do que na própria página impressa. Isto significa dizer que os leitores entendem o que leem porque são capazes de associar os conceitos representados pelos sinais gráficos na folha de papel a um grupo de conceitos já existente em suas mentes. A habilidade de leitura depende de uma interação eficiente entre o conhecimento linguístico e o conhecimento do mundo.*
> (Clarke; Silberstein, citados por Brown, 1994, p. 136-137)

Certamente podemos dizer que as duas abordagens são complementares, à medida que se encaixam perfeitamente na dicotomia "significante *versus* significado" – ou ainda "matéria *versus* essência", como em tantas outras. Isso nos mostra que no trabalho de ensino da leitura ambas devem ser consideradas. Porém, a compreensão do papel que a bagagem cultural representa no processo de leitura é de fundamental importância para os professores de língua estrangeira, pois tira o foco da leitura como processo de decodificação. Se não entendermos isso, dificilmente os alunos serão levados além da superfície do texto.

4.3 Redes de significação

Os processos cognitivos envolvidos no ato da leitura são difíceis de serem precisados cientificamente. Podemos elaborar testes de compreensão textual com certa facilidade, mas há um limite de até aonde se pode ir nas pesquisas a respeito de como essa compreensão acontece em nossos cérebros. Todavia, há estudos interessantes nessa área capazes de gerar conclusões importantes para o trabalho do educador.

No início do século passado, Vygotsky (1995) investigou a formação de conceitos na mente e as relações entre o pensamento e a sua "concretização" na forma de palavras, concluindo que a linguagem verbal não é um pressuposto genético do pensamento, mas sim um produto da consciência humana. Trata-se de discutir a questão do ovo e da galinha: Quem veio antes, a ideia ou a palavra que a exprime? Ainda que acreditemos que palavra e pensamento têm origens distintas, seria um erro considerá-las como dois processos paralelos e independentes. Existe uma interdependência entre pensamento e linguagem que é fundamental para entendermos como se dá o processo de compreensão linguística – sem a linguagem verbal, de que forma pensaríamos ou comunicaríamos nossos pensamentos? De que forma aprenderíamos coisas novas? Ainda que isso tudo fosse possível, a aprendizagem seria muito limitada sem uma língua que falamos e escrevemos.

No caso do ensino do idioma estrangeiro, essa associação entre o pensamento e a palavra ganha um outro fator complicador: a transposição de um sistema linguístico para outro (da língua materna para o idioma estrangeiro e vice-versa). É comum ouvirmos dizer, no universo do ensino de línguas, que saber bem um idioma estrangeiro significa "saber pensar no idioma". Todavia essa fórmula aparentemente simples para o sucesso no aprendizado de línguas envolve mais do que a agilidade em dar respostas, pois, ao receber informações numa língua estrangeira, não estamos apenas decodificando seu sistema, mas entrecruzando noções de mundo, acessando nossas redes de sentimentos e expectativas.

Sem se aprofundar muito na questão do "pensar" na língua estrangeira, o que nos levaria para longe dos nossos objetivos imediatos, devemos entender que ler um texto não se resume a um simples processo de decodificação. Isso significa dizer que a leitura não é uma habilidade puramente "receptiva", como poderíamos imaginar de início. Assim, não mais entendemos o processo da leitura como a simples recepção de informações. Existe uma interação, uma espécie de encaixe, entre o que o leitor tem na cabeça e aquilo que ele vai encontrar no texto. O conhecimento que o estudante tem de sua língua materna, mais do que uma fonte de interferência, é uma referência sólida que deve ser utilizada para facilitar o seu processo de aprendizagem. A regra, portanto, é esta: partimos do que já sabemos, ou seja, do conhecimento (de mundo, de língua, de texto) que já temos para então abordar o que é novo.

O pesquisador australiano David Nunan tem se dedicado há muitos anos às pesquisas em aquisição de segunda língua. Em sintonia com outros pesquisadores de ponta, como Frank Smith, Nunan (1999, p. 258) afirma que a leitura é um processo que envolve operações cognitivas complexas e, muito além da mera decodificação, resulta na reconstrução dos significados do texto pelo leitor. Essa concepção nos leva a entender que, durante o processo de leitura, nosso conhecimento prévio sobre o tema do texto, seu vocabulário e estrutura, bem como nossas expectativas sobre a informação que iremos encontrar criam uma rede de significados possíveis. É por meio dessa rede que reconstruímos os significados do texto e derivamos nossa interpretação.

Nos estágios mais elementares, as atividades que antecedem a leitura propriamente dita – como uma discussão prévia sobre o tema – serão de fundamental importância. É preciso preparar o leitor para a informação que ele vai encontrar no texto. Uma vez que o leitor não possua uma rede de significados que possa combinar com as informações do texto, seu trabalho de leitura ficará limitado à decodificação.

Entendemos que o texto não fornece significados, mas sim pistas, sinais que utilizamos para reconstruir seu significado em nossas mentes. Como nos diz Nunan (1999, p. 260), nosso conhecimento e nossas expectativas a respeito do mundo afetarão profundamente nossa capacidade de entender novas informações à medida que fornecem a base de interpretação para a nova informação que recebemos. Ou seja, sem um ponto de contato entre o mundo do leitor e o mundo do texto, conforme exemplificado na Figura 4.1, não teremos a ponte que nos leva a novos significados.

Dessa forma, as limitações do texto sobre o final de semana de Mike, que mencionamos no início, ficam bastante evidentes. Trata-se de uma diferença radical de abordagem, pois queremos que os alunos sejam verdadeiramente leitores, e não meros decodificadores de sinais linguísticos.

4.4 Parâmetros para o trabalho com textos

Sabemos que o interesse em se descobrir o que o texto diz é a condição inicial para que se utilize um texto pedagogicamente. Mais do que isso, é preciso que haja um ponto de contato entre o mundo do texto e o mundo dos leitores. Uma segunda condição também se impõe para que o texto cumpra sua função didática: a inteligibilidade. Isso significa que é preciso que ele seja compreensível pelos alunos. Assim, temos três perguntas que estabelecem condições fundamentais para o emprego didático de um texto:

1. O assunto abordado interessa aos alunos? Se a resposta a essa questão for negativa, a chance de a proposta de trabalho com o texto falhar é muito grande.

2. Os alunos têm conhecimento de mundo suficiente para "dialogar" com o texto? Aqui, caso a resposta seja negativa, o professor deve certificar-se de que poderá prover o conhecimento de mundo que falta aos alunos para realizarem a leitura a contento, introduzindo o tema e os detalhes sobre o qual versará o texto.
3. Os alunos dispõem de conhecimento linguístico suficiente para acessar o texto? A resposta a essa pergunta deve respeitar o objetivo da leitura, o que em grande parte das vezes significa ser capaz de lidar com um número considerável de itens lexicais desconhecidos.

Essas três perguntas dão conta de delimitar o conhecimento de mundo e o conhecimento sistêmico dos alunos com relação ao texto. Há um outro tipo de conhecimento, entretanto, que pode ser utilizado pelos alunos na tarefa da leitura: o conhecimento sobre tipos de texto. A capacidade de reconhecer formas de expressão textual distintas (história em quadrinhos, relatório, narração, diálogo etc.) e consequentemente de identificar marcas textuais características será de grande auxílio na tarefa de leitura.

Como para fins de avaliação de material didático não é só o texto que nos interessa, mas toda a atividade que está relacionada a ele, é preciso também prestar atenção aos exercícios propostos, bem como à sua inserção na sequência didática estudada. Para isso, é fundamental ter clareza quanto aos objetivos didáticos que se pretende atingir.

Nos estágios iniciais de aprendizagem, o foco estará na compreensão geral das informações que o texto traz, em detrimento de um conhecimento linguístico mais profundo. É a habilidade de "reconstrução do significado", sem um alto grau de detalhamento, que nos importará. O conhecimento da língua materna, portanto, será de grande valia nesse momento, porque trará uma base (semântica, sintática e textual) sobre a qual o leitor construirá suas hipóteses no trabalho de compreensão.

Em estágios mais avançados, a compreensão que se busca num texto será mais detalhada. Para tanto, um conhecimento sistêmico mais profundo – vocabulário e gramática da língua-alvo – se fará necessário.

> A respeito das atividades propostas para o trabalho com um texto, o professor deve procurar responder às seguintes perguntas:
> 1. Os alunos são capazes de realizar as tarefas propostas?
> 2. As tarefas propiciam a reflexão e o diálogo sobre o texto?
> 3. A compreensão que se busca no texto respeita os limites de conhecimento sistêmico dos alunos, evitando que busquem recursos como o dicionário exageradamente ou ainda que se sintam frustrados?
> 4. A tarefa proporciona uma expansão dos conhecimentos de mundo e sistêmico que os alunos já possuem?

Tarefas completas de leitura poderão ser linguisticamente abrangentes e levar ao desenvolvimento de outras habilidades, como a fala e a escrita. O texto é a forma primordial de insumo linguístico nas aulas de língua estrangeira e por isso mesmo deve ser explorado a fundo. As possibilidades de trabalho com um texto podem ser muito ricas e significativas para os alunos, desde que se respeite o seu propósito comunicativo.

4.5 A produção escrita

Escrever um texto em língua estrangeira é reconhecidamente uma das tarefas mais complexas que se pode pedir a um aluno. Sabemos que o ensino da escrita em língua materna encontra grandes dificuldades na escola brasileira, e que raros são os alunos que concluem o ensino fundamental tendo desenvolvido essa habilidade a contento. O que podemos então exigir de nossos alunos com relação à escrita em língua estrangeira?

Tradicionalmente, a escrita ocupa um lugar acessório nas aulas de língua estrangeira. Isso significa dizer que ela serve para outras coisas que não "comunicar e expressar" propriamente. Pedimos aos alunos que escrevam respostas a perguntas feitas sobre um texto, de modo a analisar sua compreensão; que escrevam frases obedecendo a regras gramaticais, para que possamos avaliar se o tópico foi "aprendido"; que escrevam parágrafos com um determinado grupo de palavras, a fim de "ativar" um determinado vocabulário recentemente ensinado.

Não nos cabe aqui criticar esses tipos de exercícios tão frequentes nas nossas salas de aula, uma vez que eles têm suas funções. Mas queremos alertar para o fato de que tais atividades não estão de fato proporcionando a possibilidade do desenvolvimento da escrita.

Se lemos um texto para saber o que alguém diz sobre alguma coisa, só podemos escrever um texto para comunicar alguém sobre alguma coisa. Em todos os exercícios que citamos anteriormente, o processo da comunicação não acontece porque, tal qual o caso da leitura do texto sobre Mike, não há comunicação verdadeiramente envolvida no processo. A escrita só acontece de verdade quando houver um leitor para o texto que o aluno escreveu e quando este leitor "reagir" ao que leu.

Entendemos que há funções mecânicas de aprendizado a serem cumpridas pela escrita, tais como a prática da ortografia e a construção da estrutura frasal básica de uma língua, para as quais o uso de modelos que são reproduzidos pelos alunos é a forma mais tradicional de trabalho. A escrita tem também um papel importante no reforço da memorização do vocabulário, dado o caráter sinestésico da memória – muitas pessoas, quando querem lembrar como se escreve uma palavra, pegam um papel e uma caneta e a escreve. Esses aspectos não devem ser ignorados.

Todavia, é possível desenvolver a função comunicativa da escrita em língua estrangeira se propiciarmos condições para isso. Basta que o produto do trabalho dos alunos alcance um leitor e que leitor e escritor estabeleçam um diálogo com base no texto.

> Questões propostas para o trabalho de escrita:
> 1. O texto que os alunos devem elaborar tem um propósito comunicativo, ou seja, há um leitor previsto para ele?
> 2. Existe alguma etapa pós-leitura prevista para o trabalho de escrita? Ou seja, haverá um diálogo leitor-escritor?
> 3. A atividade em si é motivadora? Ou seja, trata-se de escrever algo interessante e que irá gerar repercussão?
> 4. O insumo linguístico para a produção do texto (vocabulário, estrutura textual, frases padrões etc.) foi dado?
> 5. Os alunos estão familiarizados com o tipo de texto que se pede que escrevam?

Tal como no trabalho com a leitura, aqui é muito importante também o diálogo com as estratégias de ensino em língua materna e pode resultar num trabalho conjunto que trará benefícios a todo o desenvolvimento linguístico e cognitivo do aluno. Ao perceber que estão criando significados, comunicando suas ideias por meio da escrita em um idioma estrangeiro, os alunos podem sentir-se bastante motivados. Se por um lado a escrita é a habilidade mais complexa no trabalho de ensino de idiomas, por outro, ela tem um grande potencial pedagógico e motivador, que pode ser plenamente alcançado se explorarmos seu potencial comunicativo.

Síntese

Abordamos a tarefa de leitura em língua estrangeira como um processo de "reconstrução do significado", em oposição à visão tradicional da leitura como "decodificação". A leitura só ganha sentido quando há um ponto de contato entre o "mundo do leitor" e o "mundo do texto". O processo de leitura, por sua vez, não depende apenas da capacidade de compreensão linguística do leitor – sua habilidade em reconhecer palavras numa frase –, mas sobretudo da rede de significados que ele já possui em sua mente no momento em que aborda o texto. O trabalho do professor, portanto, deve estar centrado no diálogo que os leitores podem estabelecer com o texto, no conhecimento que eles precisam ter para estabelecer esse diálogo, enfim, nas relações com o mundo, que são o cerne do processo de significação. Isso não significa, todavia, que os aspectos linguísticos não têm importância; a "palavra no papel" é a forma concreta do texto e como tal precisa ser estudada. Porém, a compreensão dos significados que a "palavra no papel" pode ter precede e transcende o texto, na medida em que o leitor "traz" para o texto sua rede de significados possíveis e "leva" para a vida o que aprendeu.

Da mesma forma, o processo da escrita deve ser visto como um aprendizado comunicativo, que respeita o conhecimento de mundo do aprendiz. A fim de evitar o formalismo sem sentido, que é sobretudo desmotivador, é fundamental que o trabalho da escrita seja também comunicativo. Aproveitando o conhecimento textual que os alunos trazem da língua materna, o material didático deve proporcionar atividades de escrita que sejam verdadeiramente comunicativas, envolvendo escritores e leitores num processo de transformação.

Indicação cultural

Pirsig, R. **Zen e a arte de manutenção das motocicletas**. Rio de Janeiro: Paz e Terra, 2000.

Romance clássico do movimento contracultural norte-americano, este livro traz o relato de viagem de um professor de inglês (como língua materna) que enfrentou o desafio de fazer com que seus alunos escrevessem textos realmente significativos.

Atividades de Autoavaliação

1. Assinale (V) para as proposições verdadeiras ou (F) para as falsas para as razões que devem ser consideradas quando desenvolvemos uma atividade de leitura e queremos motivar o aluno a ler um texto:
   ( ) O tema é interessante.
   ( ) Há informações no texto que o aluno gostaria de obter.
   ( ) O texto foi criado para ensinar vocabulário.
   ( ) O texto foi criado para ensinar gramática.

2. Com relação aos entraves para o desenvolvimento da leitura, assinale (V) para as proposições corretas ou (F) para as falsas:
   ( ) O hábito de se ler um texto palavra por palavra.
   ( ) A falta de conhecimento sobre o que se lê.
   ( ) A capacidade de lidar com palavras desconhecidas, por dedução.
   ( ) A tendência dos alunos em usar seus conhecimentos da língua materna.

3. Quanto à produção de textos pelos alunos, marque (V) para as proposições verdadeiras e (F) para as falsas:
   ( ) Não é necessário que haja um leitor para o texto que o aluno escreve.
   ( ) É importante fornecer modelos, sobretudo no início da aprendizagem.
   ( ) O tema deve ser previamente tratado, de modo a ativar a rede de conhecimentos do aluno.
   ( ) O conhecimento textual da língua materna é uma ferramenta importante.

4. Qual das alternativas que seguem **não** representa um tipo de conhecimento necessário ao aluno para ler um texto?
   a) Conhecimento sistêmico da língua.
   b) Conhecimento de mundo.
   c) Conhecimento textual.
   d) Conhecimento fonético.

5. Marque a alternativa que **não** está de acordo com as ideias deste capítulo:
   a) Ensinar a ler em língua estrangeira equivale a ensinar a pensar no idioma, afastando-se da língua materna.
   b) A leitura é um processo de reconstrução do significado do texto.
   c) A leitura não é uma habilidade simplesmente "receptiva", pois o conhecimento de mundo do leitor influencia na apreensão do significado daquilo que ele lê.
   d) Escrever é uma atividade comunicativa.

Atividades de Aprendizagem

1. Observe os materiais que um docente tem usado em sala de aula para o ensino da leitura e analise: Há um trabalho de pré-leitura, ativando o conhecimento de mundo do aluno? Há questões que levam à reflexão do tema abordado? Aspectos culturais são trabalhados?

2. Quanto ao ensino da escrita: Você tem estabelecido algum tipo de interlocução com base nos textos escritos pelos seus alunos? O material didático que você tem usado propõe essa interlocução? Como será possível fazê-lo?

Atividade Aplicada: Prática

Junto com outros colegas, faça um levantamento dos temas que mais despertaram o interesse de alunos em uma instituição escolar. Prepare uma lista, de acordo com a idade dos alunos, e procure descobrir por que esses temas obtiveram sucesso. Essa motivação se refletiu na aprendizagem dos conteúdos relacionados aos temas? Discuta com seus colegas.

Capítulo 5

A partir da análise realizada no capítulo anterior dos princípios que sustentam os processos de leitura e escrita, e consequentemente de como esses princípios são concretizados na forma de procedimentos didáticos, buscaremos definir parâmetros para o desenvolvimento de materiais adequados a contextos de nosso interesse. Vamos nos aprofundar em alguns aspectos dos processos de leitura e escrita, buscando empregar o resultado de nosso trabalho de análise e reflexão para a criação de materiais didáticos, seguindo os parâmetros que definimos como apropriados para a prática pedagógica de hoje no Brasil.

Língua estrangeira: leitura e escrita – produção de materiais didáticos

> *Prever é uma maneira natural*
> *de dar sentido ao mundo.*
> (Frank Smith, 1999, p. 72)

5.1 Leitura: um jogo de adivinhação

Pesquisadores de todo o mundo – como Frank Smith, Jean Foucambert e Angela Kleiman – concordam que a leitura ativa é na verdade um jogo de adivinhação. Ao debruçar-se sobre um texto qualquer, nosso cérebro está o tempo todo prevendo automaticamente qual será a próxima palavra. Isso pode ser facilmente constatado se interrompermos uma frase durante uma conversa e nosso interlocutor a completar para nós. Ou ainda quando pensamos em frases típicas do tipo "Ah, quem me... *dera*", "Estou morrendo de... *fome* (se já passa do meio-dia)", e, de maneira mais clara ainda, se pensamos em ditos populares, como "quem espera sempre... *alcança*".

É interessante notar que tem surgido nos últimos anos, por meio dessa constatação, uma nova vertente pedagógica na área do ensino de idiomas. Trata-se de dicionários de *collocations*, no caso da língua inglesa, e livros didáticos que ensinam vocabulário, e até mesmo pontos gramaticais, por meio de *chunks* (estruturas que combinam mais de uma palavra, caracterizando expressões frasais que ocorrem na língua--alvo com muita frequência). Escritores e editores estão cada vez mais convencidos de que abordar o ensino da língua estrangeira com base na habilidade de prever elementos de linguagem, ou seja, da probabilidade de ocorrência de certas palavras em certos contextos, é uma estratégia muito proveitosa.

Prever é uma característica natural da linguagem e uma habilidade que todo ser humano possui. Nós vivemos em constante estado de antecipação. Prova disso é que quando nossas previsões falham, ficamos surpresos. Imagine que, ao se dirigir a um colega de trabalho com a tradicional pergunta "Tudo bem?", você receba a não tradicional resposta "Não, tudo péssimo!". Com certeza sua surpresa será inevitável – a não ser, claro, que o colega em questão seja um "reclamão" costumeiro.

A previsão nada mais é do que a eliminação antecipada de alternativas improváveis. E compreender – um texto, uma fala, uma situação cotidiana – é confirmar ou não as previsões que fazemos. Como afirma Frank Smith (1999, p. 75), "Qualquer coisa que eu não pudesse relacionar com aquilo que já conheço – minha teoria do mundo – não faria sentido para mim". Assim é na leitura porque assim é na vida. Quanto mais abrangente nossa rede de significados, nossa "teoria do mundo", mais rápida e profunda será nossa leitura.

É interessante notar que, na leitura, rapidez está ligada à profundidade.

O leitor que lê lentamente, palavra por palavra, perde a abrangência do texto. Já o bom leitor – assim como o bom entendedor, aquele para quem meia palavra basta – não "lê" as palavras (assim como nós não as "ouvimos" durante uma conversa). As palavras acabam reduzidas a sua função de sinais que ativam uma rede de significados: "Nós olhamos através das palavras para encontrar o significado que vai além delas" (Smith, 1999, p. 103). Portanto, desenvolver nos alunos a capacidade de compreender um texto sem ter de necessariamente conhecer o significado de todas as palavras é fundamental para o sucesso do aprendizado da leitura.

5.2 O problema: a visão túnel

A principal deficiência de leitura que os alunos apresentam – deficiência essa capaz de minar profundamente seus esforços de aprender um novo idioma – é a tendência a ler decodificando o texto. Esse esforço inócuo revela a incompreensão de que o significado não é recebido do texto, mas sim trazido a ele por quem o lê. Tal como observado por Nunan (1999), o texto é uma fonte de sinais que ativam uma rede de conhecimentos já estabelecidos em nossos cérebros, responsáveis por sua interpretação – nesse caso, deveríamos dizer "significação". Isso equivale a dizer que "lemos o que sabemos", ou ainda, o que podemos ler é graças ao conhecimento que já temos.

Smith nos explica que, ao lermos um texto, fazemos uso de dois tipos de informação: visual e não visual. A primeira refere-se ao reconhecimento das palavras da língua, como sinais, marcações textuais. A segunda engloba o conhecimento implícito de linguagem, do assunto do qual se está discorrendo e, por fim, da própria habilidade de leitura. A informação visual tende a sobrecarregar o cérebro muito rapidamente, dado que a capacidade de retenção de informações (nesse caso, palavras ou conjuntos de palavras) de nossa memória de curto prazo é bastante limitada (pesquisas indicam que retemos no máximo cinco elementos por vez). Em última análise, essa sobrecarga inviabiliza o entendimento do texto.

Já a leitura que se baseia fortemente na informação não visual do texto está acionando a memória de longo prazo, e esta não possui limitações. Visto que a memória de curto prazo trabalha com itens não relacionados e a memória de longo prazo acessa uma rede de significados – nas palavras de Smith, nossa "teoria do mundo", ou seja, tudo o que sabemos –, se dependermos apenas da primeira, ao final de um parágrafo, já não saberemos o que foi dito no seu início. Em outras palavras, para lembrar de alguma coisa, é preciso chegar até ela por meio da rede de significados que temos em nosso cérebro, ou seja, tudo aquilo que está guardado na nossa memória de longo prazo.

Letras e palavras são reconhecidas de forma contrastiva: quanto menor o número de possibilidades, mais rápido o reconhecimento. Ao lermos o texto e não as palavras isoladas, estamos diminuindo o número de possibilidades de combinação, ao mesmo tempo em que acessamos a nossa rede de significados de maneira mais ampla, trabalhando, portanto, conceitos e ideias, e não meras definições de palavras. Como afirma Smith (1999, p. 36), "Devido ao congestionamento da capacidade de processamento de informação do cérebro, a leitura dependerá da economia no uso de informação visual, usando a maior quantidade possível de informação não visual".

É marcante o apelo dos alunos a esse mau hábito de leitura quando iniciam seu processo de aprendizagem de uma língua estrangeira. A resistência a tentar ler o texto em vez das palavras é uma prova de que esses maus hábitos estão arraigados no seu perfil de leitor em língua materna. A tendência em firmar-se na informação visual gera o que Smith chama de *visão túnel*: a abrangência limitada do olhar, por se concentrar em palavras apenas, sobrecarrega a memória de curto prazo e inviabiliza a leitura, à medida que impossibilita a compreensão de um parágrafo ou até mesmo de uma frase.

Ilustração 5.1 – Visão túnel

Visão túnel

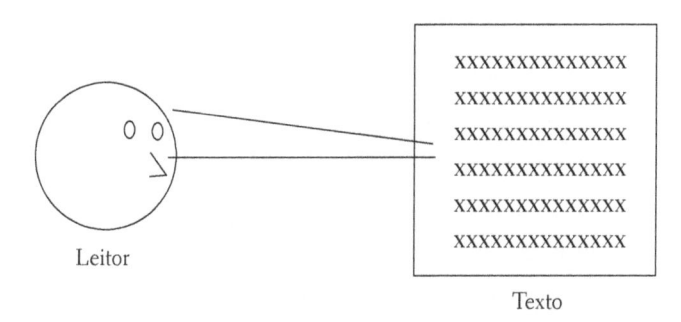

```
         XXXXXXXXXXXXX
         XXXXXXXXXXXXX
  o o    XXXXXXXXXXXXX
         XXXXXXXXXXXXX
         XXXXXXXXXXXXX
         XXXXXXXXXXXXX
 Leitor
                Texto
```

A visão túnel, portanto, é o maior mal do qual um aluno pode sofrer. Segundo Smith (1999, p. 36), suas principais causas são:

~ Tentativa de ler algo que não faz sentido.
~ Falta de conhecimento relevante ao tema.
~ Relutância para usar informação não visual (por perfeccionismo).
~ Maus hábitos de leitura (lerdeza, ansiedade etc.)

A visão túnel não só é decorrente de equívocos na aprendizagem da leitura como também é capaz de impedir que o aluno consiga ler qualquer coisa. Trata-se, infelizmente, de um problema bastante comum no ensino da leitura em língua estrangeira. Como superá-lo então? Como convencer os alunos de que o significado não está apenas na impressão sobre o papel, mas também é trazido ao texto pelo leitor?

5.3 Estratégias e soluções

Identificamos a visão túnel, na definição de Smith, como o grande entrave à leitura. Sabemos que as razões determinantes para o surgimento desse problema estão diretamente ligadas à incapacidade de se entender a leitura como um ato de criação de sentido, no qual o significado do texto é derivado da teoria de mundo do leitor. É essa incapacidade, muitas vezes mais por parte do professor do que do aluno, que leva os alunos a práticas de leitura incorretas – práticas que são, na verdade, de decodificação e não de leitura. Trata-se de um problema de atitude, muito mais do que qualquer deficiência cognitiva.

É preciso saber, antes de mais nada, por que se lê um texto. Ler é fazer perguntas ao texto: "Se eu não souber as perguntas certas que devo fazer sobre uma passagem, não serei capaz de lê-la" (Smith, 1999, p. 111). E saber fazer perguntas é tão importante quanto saber respondê-las. A curiosidade é a condição primordial para o aprendizado.

Propostas de leitura que não respeitem os interesses do aluno, que não se associem de forma alguma ao que ele sabe ou quer saber são maneiras muito práticas de gerar desinteresse na leitura. Dessa forma, criamos um quadro em que o aluno vai acumular fracassos acadêmicos e, na maioria das vezes, desenvolver uma grande ojeriza à atividade da leitura. O tédio nasce da constatação de que não há nada numa determinada situação que eu possa aprender, e isso é fatal para qualquer esforço de aprendizado.

Devemos, portanto, nos lembrar de como aprendemos nossa língua materna. Crianças aprendem por tentativa e erro: elas encontram sentido para aprender a língua, e não o contrário. Fazem isso de forma muito eficiente, pois não têm medo de errar – pelo menos até o momento em que os adultos lhes incutem esse medo. Se formos capazes de resgatar em nossos alunos a coragem da criança, de arriscar, procurar significados em sua leitura de mundo, estaremos, então, ajudando-os a retomar o caminho da leitura significativa, numa tarefa que depende mais de uma mudança de comportamento do que do desenvolvimento de habilidades cognitivas.

5.3.1 Habilidades

Uma maneira interessante de se avaliar o progresso dos alunos no aprendizado da leitura em língua estrangeira é mediante a definição de habilidades a serem desenvolvidas. Dessa forma, podemos prever ações tendo em mente objetivos concretos.

Os itens a seguir foram adaptados da lista de Douglas Brown, publicada em *Teaching by Principles* (1994). Junto às definições (Brown, 1994, p. 291) (entre aspas), seguem comentários nossos:

Habilidades a serem desenvolvidas na leitura em língua estrangeira:
1. "Ser capaz de reter *chunks* de diversos tamanhos na memória de curto prazo." Como já vimos, a memória de curto prazo possui uma capacidade limitada, porém é fundamental para "costurarmos" o sentido do texto. Se o aluno não consegue passar além do nível da palavra ou, ainda, se tem dificuldade em reter uma palavra completa, será muito difícil evoluir na leitura de um texto.
2. "Reconhecer um número razoável de palavras, sendo capaz de interpretar o padrão da ordem frasal do idioma estudado." O conhecimento prévio de vocabulário – alguns especialistas falam em algo entre quinhentas e mil palavras, em nível receptivo – e da estrutura frasal da língua é uma condição para que se possa abordar textos mais complexos.
3. "Reconhecer as funções sintáticas das palavras dentro de uma frase." Trata-se de uma habilidade fundamental para o desenvolvimento da autonomia do aluno, à medida que ele fará uso de obras de referência.
4. "Compreender que os significados podem ser expressos de formas diferentes." Essa habilidade permite ao aluno parafrasear, levando-o a apropriar-se de elementos de linguagem, passando do reconhecimento passivo ao uso.
5. "Identificar elementos de coesão, sendo capaz de entender as

relações de causalidade entre diferentes orações." Os conectores lógicos (*mas, porém, também, todavia* etc.) têm função relevante na marcação de um texto. Por isso, possuem valor estratégico.

6. "Reconhecer formas retóricas, bem como figuras de linguagem." Essa habilidade envolve um conhecimento mais profundo de leitura – frequentemente encontramos alunos incapazes deste tipo de reconhecimento em sua língua materna – e aponta para fora do texto, ou seja, é extratextual.
7. "Reconhecer diferentes tipos de texto."
8. "Inferir informações contextuais a partir de conhecimento prévio."
9. "Distinguir entre sentido literal e implícito."
10. "Detectar referências culturais específicas."
11. "Desenvolver e utilizar uma série de estratégias de leitura, aplicáveis a diferentes situações (como: ler um texto técnico buscando informações pontuais; compreender opiniões; abstrair além do significado literal; adivinhar o significado das palavras a partir do contexto; etc.)."

Essas cinco últimas habilidades são sobretudo de caráter extratextual; remetem-nos à ideia de uma rede de significados que estaria por trás do texto, e a uma outra, a do leitor, que estaria a recriar o texto.

Percebemos que essa lista segue uma progressão lógica: da palavra para o mundo. As primeiras habilidades listadas são aquelas centradas no reconhecimento visual e na capacidade de análise linguística. Já as últimas levam-nos à "teoria do mundo" de que nos fala Smith.

Cabe ao professor não apenas assegurar que as habilidades mais básicas de reconhecimento de linguagem sejam desenvolvidas pelos alunos, mas sim contribuir para que uma compreensão abrangente de todos os aspectos do texto, especialmente os implícitos, seja alcançada por eles. A função do professor de língua estrangeira vai muito além de ensinar a ler – decodificar palavras e frases – ainda que, num primeiro momento, isso seja fundamental para alunos iniciantes. O professor deve ser capaz de levar os alunos a acessarem e expandirem sua teoria de mundo por meio da leitura. Para isso, dentro da nossa realidade escolar, é preciso mudar posturas.

5.3.2 Estratégias

Para atingir nosso objetivo e levar os alunos a desenvolverem hábitos de leitura verdadeiramente eficientes, assim promovendo o diálogo cultural e ideológico que a leitura em língua estrangeira proporciona, devemos lançar mão de estratégias de ensino pensadas para esse fim. Tais estratégias devem ter como objetivo conscientizar os alunos dos diferentes propósitos da leitura, à medida que requerem comportamentos distintos e os levam a pensar sobre o texto. Vejamos algumas delas, organizadas em três etapas:

Pré-leitura

1. "Acionar o conhecimento prévio sobre o assunto do texto." Aqui os leitores são questionados sobre o conhecimento que têm do tema que o texto aborda, verificando se são capazes de ativar sua habilidade de previsão. O material pode aprofundar-se nesse estágio, instigando os alunos a preverem informações (e até mesmo palavras) que encontrarão no texto por meio do seu tema.
2. "Identificar o propósito da leitura." O aluno precisa saber por que está lendo. Fazer perguntas é o primeiro passo para uma leitura verdadeira – isso pode ser feito com base no título ou nas informações sobre o autor.
3. "Efetuar a decodificação da superfície linguística do texto." Significa saber onde o texto começa e onde acaba, se traz citações, tabelas, figuras, opiniões diversas etc.
4. "Selecionar a correta estratégia de leitura." Entendendo por que se deve ler um texto, os leitores podem preparar a estratégia adequada de leitura: I. leitura rápida e superficial, adequada para

um levantamento geral dos pontos abordados no texto; II. leitura que procura informações específicas, como no caso de se ler uma bula de remédio, um manual de instruções etc.; III. leitura profunda, como no caso de se ler um texto narrativo ou argumentativo, por exemplo.

Leitura

5. "Fazer uma rápida leitura silenciosa, com o objetivo de mapear o texto e prever informações, ativando o conhecimento prévio." Nesse momento, os alunos leem pela primeira vez o texto. A primeira leitura deve ser rápida e por isso despreocupada. O professor pode ler o texto em voz alta para que os alunos sigam silenciosamente, evitando assim que se prendam a palavras desconhecidas no meio do texto. Isso serve para fazer com que todos tenham uma noção geral do texto antes de efetivamente se debruçar sobre ele.
6. "Procurar informações específicas." Com uma ideia geral do desenvolvimento do texto, agora os alunos podem procurar informações detalhadas para uma compreensão mais profunda, de acordo com o objetivo proposto para o trabalho de leitura e as informações levantadas no trabalho de pré-leitura.
7. "Mapeamento vocabular." Para auxiliar sua compreensão mais profunda do texto, os alunos podem marcar aquelas palavras mais recorrentes ou ainda aquelas mencionadas no trabalho de pré-leitura, e também as que, por dedução, carregam informações fundamentais para a compreensão proposta.
8. "Adivinhação." Os leitores devem tentar deduzir significados, ainda que de forma imprecisa, por meio do contexto. Dicionário e glossários podem servir de auxílio, bem como o conhecimento de prefixos, sufixos e funções gramaticais anteriormente explorados em aula.

9. "Mapeamento semântico." Dependendo do tipo de texto que os alunos leem, é possível fazer um mapa com seus principais tópicos e subtópicos. Essa estratégia é muito útil na leitura de textos informativos.

Pós-leitura

10. "Análise linguística do texto." O trabalho de leitura do texto, naturalmente, permite levantar os aspectos linguísticos que merecem uma análise mais profunda. Assim, o trabalho com a linguagem – gramática e vocabulário – será derivado do texto, e não o contrário, como no caso do texto sobre Mike.
11. "Reflexão sobre o assunto." As atividades sempre devem levar os alunos a refletir sobre o conhecimento novo que adquiriram com a leitura.

Essas estratégias estão sucintamente descritas aqui. De acordo com o tipo de texto e o objetivo da leitura, devem ser mais ou menos aprofundadas. É importante lembrar que elas devem ser conduzidas com o propósito da leitura ativa, ou seja, o de fazer com que os alunos vão além da mera decodificação e se envolvam verdadeiramente com a leitura. E, para isso, devem ser conduzidas de forma a realizar a tarefa de derrubar a resistência inicial dos alunos em abordar um texto em língua estrangeira, que contém muitas palavras desconhecidas, de forma abrangente.

5.4 Aprender vocabulário

O aprendizado de vocabulário é fundamental para o desenvolvimento das quatro habilidades linguísticas num idioma estrangeiro, e por isso merece atenção especial. Por que lembramos de algumas palavras logo em seguida ao nosso primeiro encontro com elas enquanto que outras, não importa quantas vezes as repitamos, sempre nos deixam na mão?

A verdade é que a maneira como processamos o vocabulário em nossas mentes é muito particular. As razões que nos levam a estabelecer uma preferência por certas palavras em lugar de outras são bastante pessoais. Vão desde o som que a palavra possui ao ser pronunciada até uma relação subconsciente que estabelecemos com ela.

Todavia, há algumas regras gerais que podem garantir um bom aprendizado de vocabulário. A primeira delas: para lembrar de uma palavra, faça amizade com ela. Isso significa conhecer a palavra profundamente e fazer com que ela seja parte de seu vocabulário ativo, ou seja, além do simples reconhecimento para o uso.

A maior parte dos pesquisadores define cinco níveis de conhecimento de uma palavra: a) formal – reconhecimento gráfico; b) morfológico – sufixos, prefixos, terminações etc.; c) sintático – função gramatical; d) semântico – significado; e) combinatório – com que outras palavras e em quais contextos ela ocorre (aquilo que em inglês se chama *collocation*). A assimilação de um item lexical ocorre em etapas, do nível formal até o combinatório.

Para facilitar a memorização de uma palavra, devemos promover a **ancoragem cognitiva**, desenvolvendo atividades que levem os alunos a cobrir seu campo semântico, distinguir funções sintáticas e estabelecer relações com outras palavras. Como aponta Jean Binon (citado por Leffa, 2000, p. 125), em seu estudo sobre a lexicografia no ensino, "O vocabulário é adquirido não por meio de acumulação de itens lexicais, mas por etapas intermediárias, por meio de uma estruturação progressiva".

Por mais que incentivemos nossos alunos a trabalhar a dedução de significados e a preocupar-se o mínimo possível com a literariedade do texto num primeiro momento, ignorar o dicionário como instrumento de aprendizagem seria um grande erro. Por ter a capacidade de ser um grande auxílio ou de tornar-se um grande empecilho à aprendizagem, devemos ensinar os alunos a usar o dicionário de maneira correta.

Antes de mais nada, precisamos ter estabelecido que, quando se trabalha compreensão, a dedução de um significado por meio de seu contexto é preferível a definições literais. Nesse caso, o uso do dicionário só deve acontecer em situações em que o contexto não seja suficiente para a compreensão de uma determinada passagem do texto. O emprego dessa estratégia reforça a ideia de leitura textual em oposição à decodificação.

Porém, excesso de adivinhação pode provocar frustração nos leitores. O dicionário entra, então, como um grande auxílio para a compreensão mais profunda das palavras e, consequentemente, seu aprendizado em todos os níveis. Além disso, escolher o significado correto de uma palavra polissêmica apresenta-se como uma tarefa muitas vezes instigante e que depende do contexto para ser bem-sucedida.

Há sem dúvida uma vasta gama de atividades que podemos desenvolver com o intuito de ensinar vocabulário, e o uso do dicionário é fundamental para o processo de aprendizagem da leitura em língua estrangeira. Ainda assim, devemos ter em mente que nosso objetivo final é levar o aluno a ser autônomo também nesse aspecto da sua aprendizagem. Para tanto, devemos promover o aprendizado 'incidental'. Isso significa que o leitor em língua estrangeira, ao ler um texto, estaria assimilando novos itens lexicais automaticamente, sem ter que estudá-los formalmente – da mesma forma que um bom leitor aprende novas palavras ao ler textos em sua língua materna, corriqueiramente.

O aprendizado lexical incidental, no entanto, só virá a acontecer num estágio bastante avançado. Especialistas argumentam que é necessário que o aprendiz tenha um vocabulário de pelo menos três mil palavras para que possa começar a aprender outros itens lexicais incidentalmente. Nas palavras de Binon (citado por Leffa, 2000, p. 34):

> *A aprendizagem incidental não é inteiramente 'incidental' e para ser bem-sucedida depende de vários fatores, nem sempre presentes nas*

tarefas executadas pelos aprendizes, incluindo o uso da atenção, um domínio básico lexical de alguns milhares de palavras, uso adequado de estratégias de aprendizagem, capacidade de inferenciação.

O uso de estratégias corretas no aprendizado de vocabulário é fundamental para o sucesso dos aprendizes de idiomas estrangeiros. É preciso enfatizar a dedução e a inferenciação, ao invés da procura por significados literais e o uso massivo do dicionário. Por fim, devemos ter em mente que o aprendizado de vocabulário segue vários estágios. Uma regra geral: **menos é mais** – conhecer profundamente poucos itens lexicais é mais proveitoso do que conhecer muitas palavras apenas superficialmente.

5.5 A produção de textos

O desenvolvimento de atividades de produção de textos deve obedecer a duas premissas básicas que levantamos para o trabalho com a leitura: 1. há que se ter um propósito comunicativo claro; 2. o trabalho com o texto é resultado da interação entre escritor, leitores possíveis e o mundo que os cerca. Isso significa que o texto produzido por um aluno deverá ter respondido de forma significativa às seguintes perguntas: Quem escreve? Para quem se escreve? Por que se escreve?

5.5.1 Estágios de desenvolvimento

Podemos pensar em estágios distintos para a produção textual, de acordo com o nível de desenvolvimento dos aprendizes.

- ~ **Mecânico**: Ao iniciar seu processo de aprendizagem, os alunos estão ainda buscando se familiarizar com o idioma, portanto deverão aprender a ortografia e a estrutura frasal básicas. A cópia de palavras e escrita de frases simples, inseridas em contextos textuais mais amplos, são as tarefas mais comuns. Apesar da pouca autonomia dos alunos e da aparente artificialidade das atividades que se encaixam nesse nível, é importante **personalizar** o aprendizado da língua desde o primeiro instante. Podemos fazer isso com a organização do vocabulário e com a reprodução de frases que respeitem as preferências, os gostos e as opiniões dos alunos, dando-lhes a oportunidade de optar.

~ **Reprodução de modelos:** Uma vez que são capazes de escrever palavras e frases com um mínimo de fluência, os alunos podem ser introduzidos à organização textual. A criação de diálogos, que geralmente possuem estrutura textual mais familiar, é uma boa porta de entrada nesse nível. A organização de parágrafos e textos curtos também é possível, sobretudo por meio da reprodução de modelos. Novamente, a personalização, ainda que limitada pelo conhecimento do aluno, é absolutamente necessária. Os alunos deverão ser requisitados a reproduzir modelos direcionando o conteúdo a suas próprias **realidades** e **interesses**. Aqui, o conhecimento de estrutura da língua já passa a ter um papel decisivo.

~ **Criação autônoma:** No estágio mais avançado, os alunos estarão aptos a produzir textos nas três principais formas: informativo, narrativo e argumentativo. Para isso, será necessário um alto grau de autonomia no idioma estrangeiro, com conhecimento profundo de vocabulário, da estrutura da língua e da organização textual. Não podemos negar que esse estágio, infelizmente, sequer é alcançado na língua materna pela maioria dos estudantes brasileiros que concluem o ensino fundamental. Todavia, isso não significa que ele deva ser apagado de nosso horizonte.

O paralelismo com o trabalho na leitura também se evidencia nos estágios mencionados anteriormente, pois não se pode esperar que um aluno produza um texto argumentativo se ele não praticou antes a leitura de textos argumentativos. De forma geral, como a escrita é a face "produtiva" da leitura, ela estará um passo atrás no desenvolvimento do aluno, que primeiro irá se familiarizar com elementos linguísticos e textuais pela leitura para então passar para a escrita.

5.5.2 Estratégias

A clareza quanto aos objetivos que se procura atingir com o trabalho da escrita, derivada por sua vez do conhecimento dos estágios em que os alunos se encontram, é o ponto de partida para se desenvolver atividades que atinjam seus propósitos pedagógicos. Por isso, é preciso avaliar os objetivos propostos à luz dos seguintes fatores:

- **Motivação**: A atividade proposta está de acordo com os interesses e a realidade dos alunos?
- **Insumo linguístico**: Os alunos possuem o conhecimento linguístico, ou ainda os recursos para tal, necessários para a conclusão da tarefa?
- **Criatividade**: Ainda que exista um modelo a ser seguido, a tarefa exige do aluno a capacidade de investigar e criar, ao invés de simplesmente copiar e adaptar?
- **Liberdade**: Como condição para que a criatividade se manifeste, a tarefa permite que os alunos expressem suas opiniões, preferências e sentimentos? Isso é de fundamental importância, haja vista que a maior parte do trabalho nas escolas brasileiras se concentra nos dois primeiros estágios, quando o foco na forma tende a ser dominante.

A análise desses quatro fatores pode garantir a adequabilidade dos objetivos traçados pelo professor. Então, devemos pensar nas etapas do processo e na forma de realizá-las. De forma semelhante ao que foi pensado para a leitura, a primeira etapa é **ativar o repertório de**

conhecimento que os alunos possuem quanto ao tema, à forma textual e aos elementos linguísticos relevantes.

Uma vez traçados os objetivos a serem atingidos e os elementos linguísticos fundamentais à produção do texto, cabe-nos pensar sobre o processo. Em linhas gerais, ele poderá ser individual ou por equipe. Poderá também envolver pessoas que não se conhecem – no caso de o professor usar a prática da escrita para estabelecer contato entre turmas distintas, por exemplo, como na produção de um jornal mural para a escola ou na troca de cartas num exercício de "amigo por correspondência".

Após a produção propriamente dita, deve haver espaço para revisão e correção do texto. Essa tarefa poderá ser feita em duplas ou pequenos grupos, estimulando a cooperação entre os alunos e proporcionando ao escritor uma consciência inicial do resultado de seu trabalho.

Uma vez que o texto esteja finalizado, ele deve encontrar seu leitor. Um caminho de volta, do leitor para o escritor, deve estar previsto na conclusão da atividade, de forma a colocar de maneira clara o valor comunicativo da atividade realizada.

Por fim, é importante também trabalhar na construção de recursos auxiliares à produção textual, como glossários montados pelos próprios alunos, à medida que aprendem vocabulário novo; guias de conjugação verbal; tabelas com elementos gramaticais; modelos de texto etc. Quando os alunos se envolvem na produção de seus próprios materiais de referência, ao invés de simplesmente recebê-los prontos do professor, a probabilidade de aumentar a motivação para a realização das tarefas é grande.

A ligação entre as habilidades da escrita e da leitura reforça ainda mais o trabalho extratextual e linguístico no idioma estudado, sendo um instrumento importantíssimo para proporcionar o aprendizado efetivo. A escrita é, por excelência, uma habilidade privilegiada para a fixação de conhecimentos linguísticos apreendidos por meio da leitura, bem como para o desenvolvimento da identidade do aluno no idioma estrangeiro.

Síntese

Com base nas considerações que estabelecemos no capítulo anterior, vimos que o trabalho de leitura se assemelha a um jogo de adivinhação, o que estabelece uma estratégia central para o desenvolvimento de atividades nessa habilidade: partir do que já se sabe para encontrar o desconhecido. Vimos também que aquilo que Frank Smith chama de *visão túnel*, fruto da tentativa de se ler um texto palavra por palavra, é o maior desafio ao ensino da leitura. Materiais didáticos que proponham uma abordagem estritamente formal estarão contribuindo para agravar esse problema.

Quanto às habilidades que podem ser desenvolvidas na leitura, vimos que elas podem ser organizadas num contínuo que vai, gradualmente, da palavra para o mundo. No entanto, isso não estabelece uma ordem de aprendizado, trata-se apenas de um recorte analítico, já que, como temos insistentemente reforçado aqui, o leitor traz sua teoria de mundo para o encontro com o texto desde o primeiro estágio de desenvolvimento.

No âmbito das estratégias, ressaltamos a importância de se trabalhar três estágios: pré-leitura, leitura e pós-leitura. O mesmo deverá ser feito com a escrita. Avaliamos ainda a importância do aprendizado de vocabulário, que deve promover a ancoragem cognitiva das palavras, seguindo a ideia geral de que "menos é mais". Finalmente, quanto à produção escrita, ressaltamos o imperativo da comunicatividade e estabelecemos três estágios gerais de desenvolvimento, que devem servir como guia para o desenvolvimento das atividades.

Atividades de Autoavaliação

1. Assinale (V) para verdadeiro ou (F) para falso nas seguintes considerações sobre a atividade da leitura:
   ( ) O ato de ler um texto, assim como ouvir uma fala, depende da habilidade do leitor de "prever" o que vai ser dito em seguida.
   ( ) Para se ler bem um texto, é preciso prestar atenção às palavras individualmente, processando cada uma delas em nosso cérebro.
   ( ) A leitura será mais rápida quanto menos ligada estiver à superfície do texto.
   ( ) Para ler bem, é preciso trabalhar mais com a memória de longo prazo e menos com a memória de curto prazo.

2. A respeito dos fatores que podem levar à visão túnel durante o processo de leitura, assinale (V) para verdadeiro ou (F) para falso nas seguintes proposições:
   ( ) O leitor não tem qualquer conhecimento do tema abordado.
   ( ) O leitor possui maus hábitos de leitura, e por isso fica ansioso quando encontra palavras que não conhece.
   ( ) O texto não faz sentido para o leitor, ou seja, não lhe é interessante.
   ( ) Há palavras no texto que o leitor desconhece.

3. Quanto ao aprendizado de vocabulário, marque (V) para verdadeiro ou (F) para falso:
   ( ) É importante que o aluno conheça o maior número de palavras possível, mesmo que superficialmente.
   ( ) A ancoragem cognitiva é um processo de familiarização com palavras, em nível profundo.
   ( ) Deduzir significados por meio do contexto em que uma palavra aparece é preferível a buscar definições literais o tempo todo.
   ( ) Devemos estimular o aprendizado lexical incidental desde os primeiros estágios.

4. Qual das alternativas que seguem **não** representa uma estratégia de pré-leitura?
   a) Realizar a análise linguística do texto.
   b) Saber por que se está lendo o texto.
   c) Escolher a estratégia mais adequada para a leitura.
   d) Falar sobre o tema, ativando a rede de conhecimentos e previsões sobre ele.

5. Qual das alternativas que seguem **não** está de acordo com as ideias deste capítulo?
   a) Quanto mais formos capazes de acessar e expandir o conhecimento de mundo dos nossos alunos, melhores leitores de textos eles serão.
   b) As habilidades de leitura e escrita têm um desenvolvimento paralelo e interdependente.
   c) Há várias etapas para a aquisição de itens lexicais e, quanto mais profundo for o trabalho de análise desses itens, melhor será o resultado de fixação de vocabulário.
   d) O ensino da escrita deve priorizar o desenvolvimento da autonomia e da criatividade do aluno desde o primeiro estágio de aprendizado.

Atividades de Aprendizagem

1. Analise os três últimos textos que você trabalhou em sala de aula com base nas estratégias de leitura propostas aqui: Eles seguiram os passos de pré-leitura, leitura e pós-leitura? Havia atividades para "ativar o conhecimento prévio dos alunos sobre o tema" na primeira etapa? Que tipo de trabalho foi proposto para o vocabulário (dedução, tradução, associação com outras palavras, compreensão por meio de sinônimos)? Quão eficientes foram essas atividades?

2. Quanto ao ensino da escrita: Que tipo de atividades foram propostas nas últimas três lições que você trabalhou? Elas foram motivadoras? Houve espaço para a personalização e o uso da criatividade? Qual foi o resultado?

Atividade Aplicada: Prática

Desenvolva uma unidade didática partindo de uma atividade de leitura para a escrita. Pense cuidadosamente na escolha do tema e do texto, procurando motivar seus alunos e fazer com que o trabalho de leitura e escrita seja bastante significativo. Procure abordar todos os aspectos que trabalhamos nos dois últimos capítulos, seguindo as estratégias adequadas e estabelecendo oportunidades de trocas comunicativas entre os alunos, sobretudo no trabalho com a escrita. Após a aplicação da atividade, avalie seu resultado. Se possível, reúna-se com outros colegas e comparem juntos os resultados obtidos.

Capítulo 6

Focando a comunicação oral, nas suas habilidades ativa e receptiva, realizaremos neste capítulo o trabalho de reflexão sobre materiais didáticos existentes, bem como o de produção de materiais adequados aos nossos interesses. Para isso, será necessário aprofundarmos nossa discussão dos princípios fundamentais que regem o processo de ensino-aprendizagem do idioma estrangeiro, investigando com maior detalhamento as questões pertinentes à fala e à audição, seguindo a mesma linha de raciocínio estabelecida nos dois capítulos anteriores. Novamente, devemos ser capazes de definir parâmetros consistentes para o desenvolvimento de materiais didáticos que alcancem nossos objetivos. Procuraremos também, neste capítulo, apresentar conclusões pertinentes a todo o processo de ensino-aprendizagem da língua estrangeira.

Língua estrangeira: fala e audição – avaliação e produção de materiais didáticos

6.1 A compreensão auditiva: características principais

Assim como a leitura, a audição de textos didáticos é uma forma de insumo linguístico, ou seja, por meio de exercícios de audição, os alunos estarão ativando o conhecimento que já possuem ao mesmo tempo em que entram em contato com algo novo. No caso do texto oral, ou seja, daquele que chega aos alunos pelos ouvidos, e não pelos olhos, e que por isso mesmo exige uma agilidade de compreensão que nem sempre é necessária no trabalho com o texto escrito, o grau de dificuldade deve respeitar limites mais estritos de compreensibilidade.

O ponto principal que buscamos enfatizar em nossas discussões sobre o processo de leitura também é válido para a compreensão oral: ao abordarmos um texto, trazemos nossa teoria de mundo, o repertório de conhecimentos que já temos (sistêmicos, de mundo e de texto), para ativar a compreensão. Isso significa dizer que, tal qual o processo de leitura, o processo de audição também é uma **reconstrução do significado** do texto.

A compreensão oral, entretanto, guarda certas características exclusivas. Além do conhecimento sistêmico da língua-alvo, será necessário ao aluno dispor de conhecimento fonético-fonológico do idioma que estuda. Uma outra diferença fundamental é o aspecto espaço-temporal: enquanto o texto escrito está preso ao papel, e por isso podemos acessá-lo com certa liberdade, o texto oral se reproduz no tempo sem que possamos "aprisioná-lo", o que exige uma capacidade de compreensão mais imediata. Essas duas características serão fundamentais para trabalharmos com a análise e o desenvolvimento de atividades de compreensão oral.

Outro aspecto relevante é a existência de dois tipos distintos de atividades auditivas: a que prevê interação e aquela em que o ouvinte apenas ouve, sem interagir. Atividades interativas são essencialmente diálogos, situações em que duas ou mais pessoas trocam informações e reagem ao que as outras dizem. Situações em que não há interação podem ser a audição de um programa de rádio ou televisão, de uma palestra ou conferência, por exemplo.

É importante para o professor conhecer bem a realidade de seus alunos de forma a prepará-los para as atividades que lhes serão mais úteis. Por exemplo: no caso de alunos que vivem em regiões de fronteira ou, ainda, em cidades que recebem muitos turistas estrangeiros, a capacidade de dialogar será provavelmente mais importante para os alunos. Já nos casos em que isso não ocorre, a forma passiva de audição será mais provável, uma vez que para isso dispomos de veículos de comunicação (TV, internet, cinema) que alcançam praticamente qualquer lugar.

De qualquer forma, é importante incluir ambas as práticas no processo de ensino da língua estrangeira. Sobretudo porque o ensino tem como meta auxiliar os alunos a transcenderem sua realidade, função esta para a qual o conhecimento de uma língua estrangeira exerce um papel fundamental.

6.2 Problemas e soluções

Entendemos o processo de compreensão oral por meio do princípio da reconstrução do significado, o que depende da teoria de mundo de quem ouve e faz com que a atividade de audição de um texto não seja estritamente receptiva, mas interativa. Com isso, o principal entrave à compreensão será equivalente àquele que mencionamos quanto à análise da leitura: **a tentativa de se ouvir palavra por palavra.**

Da mesma forma que o aprendiz aborda um texto com seu repertório de "previsões" – sobre o tema, sobre o tipo de texto, sobre a linguagem –, quando estiver ouvindo uma fala, seu cérebro estará automaticamente reduzindo o número de possibilidades a cada informação nova. Por exemplo: ao ouvirmos um diálogo que começa com a seguinte frase "Olá, Lucas, como vai você?", nosso cérebro imediatamente acessa um repertório de respostas possíveis, de modo que se Lucas responder algo como "John Lennon foi assassinado em 1980", isso nos causará grande surpresa – é a frustração da previsibilidade da qual nos fala Smith. Portanto, para se obter sucesso com uma atividade de compreensão auditiva, é fundamental ativar o conhecimento prévio dos aprendizes sobre o tema a ser abordado e a linguagem que pode ser utilizada durante a fala.

Suponha que alguns alunos tenham uma unidade didática sobre o tema **férias**, na qual há um exercício de audição que compreende um diálogo entre duas pessoas sobre as suas últimas viagens de férias. A primeira etapa, antes de realizar a audição propriamente, seria uma discussão prévia do tema, para ativar a **rede de conhecimentos** dos alunos com relação ao assunto. Essa discussão prévia pode em seguida progredir para um exercício de previsão de vocabulário, como o desse exemplo que segue, na língua inglesa:

From the list below, select ten words you might use during a conversation about your last "vacation", then copy them in the empty column:

TV – beach – movies book – school – popcorn weather – bus – bike work – dogs – kitchen tennis – volleyball – football pool – table – pen	

Há outros aspectos que podem tornar uma atividade de compreensão auditiva particularmente difícil, tais como:

~ A informação é apresentada de forma não linear.
~ O sotaque dos falantes é não familiar aos alunos.
~ As informações não são expressas de forma explícita.
~ Há marcadores de discurso desconhecidos pelos alunos.

Isso não significa, todavia, que textos que contenham esses aspectos mencionados anteriormente não devam ser utilizados em sala de aula. Pelo contrário, é preciso preparar os alunos para superar tais dificuldades, se esperamos que eles realmente desenvolvam sua capacidade de compreensão auditiva, pois essas dificuldades estarão presentes no mundo real. Portanto, materiais didáticos que evitam enfrentá-las estarão condenando seus alunos a limites muito estreitos no desenvolvimento dessa habilidade.

Após as atividades de preparação sobre o tema e a linguagem, que podem inclusive envolver um trabalho de apresentação das estruturas sintáticas, além do vocabulário (como os marcadores de discurso pouco familiares aos ouvintes), que serão encontradas no texto pelos alunos, será preciso prepará-los para o tipo de texto que encontrarão e a tarefa que deverão realizar. Se benfeito, esse trabalho de preparação garantirá que os alunos obtenham sucesso na audição do texto e na realização das tarefas propostas.

Algumas das tarefas mais comuns serão:

~ **Apreender o sentido geral do texto** (Ex.: o falante se divertiu ou se aborreceu nas férias).
~ **Responder questões específicas sobre o texto** (Ex.: onde ele foi, quanto tempo ficou, o que fez lá etc.).
~ **Completar as lacunas de um diálogo com as palavras ditas pelos falantes**.
~ **Prever respostas a perguntas específicas** (neste caso, busca-se não apenas desenvolver a capacidade de compreensão, mas a agilidade em interagir com o interlocutor).

O nível de compreensão que se espera obter (da palavra, frasal ou textual) é, portanto, um aspecto muito importante. Há autores que defendem o uso exclusivo de materiais autênticos, ou seja, textos não preparados para fins didáticos. Neste caso, fica bastante evidente que a proposta de exercício precisa ser muito bem estudada, já que dificilmente os alunos serão capazes de compreender todo, muitas vezes sequer a maior parte, o vocabulário empregado numa conversa "real" – o que é em si bastante positivo, pois o mesmo acontecerá fora da sala de aula.

Materiais autênticos, tanto na prática da leitura quanto na da audição, reforçam a ideia dos diferentes níveis de compreensão, bem como a proposta de um aprendizado comunicativo voltado para o mundo real. No entanto, em nosso dia a dia de sala de aula, é difícil nos libertarmos da tentação que os textos didáticos representam ao nos oferecer conteúdos linguísticos organizados, com propostas de exercícios que nos parecem tão bem desenvolvidas e por isso mesmo factíveis. Portanto, há que se ter a capacidade de discernimento necessária para identificar exercícios que se tornam "didáticos" no mal sentido, ou seja, como no caso do texto sobre Mike, que mencionamos no Capítulo 4, textos que acabam se privando de seu valor comunicativo em prol de um falso didatismo.

Após a realização das tarefas de audição propriamente, que devem envolver repetidas tentativas, caminhando gradualmente da compreensão geral para a mais específica, teremos trabalhos de pós-audição. Podemos abordar aspectos linguísticos (a gramática e o vocabulário do texto, por exemplo) e também a discussão do tema. Aliás, é importante que, assim como no trabalho de leitura, o conhecimento que os alunos adquirem por meio do texto seja objeto de reflexão.

Percebemos que essa sequência de trabalho, envolvendo etapas pré, durante e pós-audição, é a mesma sequência empregada para a prática da leitura. Além disso, assim como uma atividade de leitura bem desenvolvida pode resultar naturalmente numa atividade de escrita, a audição pode levar a uma atividade de produção oral. E na produção oral encontraremos espaço não apenas para a fixação daquilo que foi aprendido por meio da audição, mas também para uma expansão da capacidade auditiva dos alunos.

6.3 A produção oral: aspectos gerais

Se, no caso da prática da escrita, foi preciso explicitar a necessidade de um propósito comunicativo, por meio do estabelecimento de um diálogo escritor-leitor, no caso da produção oral, essa "comunicatividade" já é da própria natureza da atividade. Se falamos, falamos com alguém. Todavia, isso ainda não garante que nossa fala seja de fato comunicativa, pois também aqui podemos facilmente cair no vazio de atividades mecânicas e impessoais se não levarmos em conta a realidade e a motivação dos alunos.

Um outro aspecto peculiar à produção oral é o que diz respeito ao processo de identificação dos aprendizes com a língua-alvo. É certamente nessa habilidade em que a construção de uma "identidade" no idioma estrangeiro fica mais evidente. Não por acaso, o professor costuma enfrentar muita resistência por parte de alunos de todas as idades. Falar em um idioma estrangeiro pode ser muito constrangedor num primeiro momento, em vista da natural hesitação de um aprendiz quanto à pronúncia e aos demais aspectos da língua-alvo que ele ainda não domina. Por isso, a habilidade do professor em fortalecer a autoconfiança dos alunos e mostrar a eles que podem ser capazes de se comunicar num idioma que não é o seu será fundamental para o bom desenvolvimento da oralidade.

Uma vez que tenhamos estabelecido como objetivo desenvolver um certo grau de autonomia e capacidade de comunicação oral em nossos alunos, devemos propor atividades que desenvolvam sua competência para atuar nas situações que lhes serão mais corriqueiras. Para isso, o foco no significado será mais uma vez predominante. É uma característica da comunicação oral ser menos dependente da correção gramatical para funcionar de forma satisfatória, já que, ao interagirmos com outras pessoas cara a cara, dispomos de recursos além dos linguísticos – como a linguagem corporal, por exemplo.

Porém, se por um lado a correção gramatical não é tão importante assim, por outro a pronúncia o é. Sem um domínio razoável do sistema fonético-fonológico da língua-alvo, bem como dos padrões de entonação frasal, dificilmente um aprendiz será bem compreendido por um interlocutor nativo ou qualquer outro usuário competente do idioma. Dessa forma, temos dois focos claros no ensino da produção oral: 1. a familiarização dos aprendizes com os sons e os padrões fonéticos da língua-alvo; 2. o desenvolvimento da autoconfiança para se expressar no idioma estrangeiro, sem o qual a fluência jamais será possível.

6.3.1 Considerações sobre o ensino da pronúncia

Familiarizar os alunos com os sons da língua-alvo é fundamental para que eles se sintam capazes de falar nesse idioma. Sem isso a atividade auditiva estará também comprometida, pois, assim como no caso da leitura e da escrita, há uma forte interdependência entre a audição e a fala: dificilmente seremos capazes de produzir sons que não somos capazes de reconhecer. Ou seja, se podemos ler mesmo não sendo bons escritores, se podemos ouvir mesmo sem ser bons falantes, o contrário não é verdadeiro: não saberemos escrever bem se não lermos bem; não saberemos falar bem se não ouvirmos bem.

Há controvérsias quanto ao grau de aproximação a uma norma estabelecida que se deve buscar no ensino da pronúncia do idioma estrangeiro. E também quanto à própria norma que se escolhe. Há fatores culturais importantes nesta controvérsia. Ensinar bem a pronúncia significa apagar o sotaque do falante brasileiro? Os aprendizes devem adotar o sotaque da nação "dominante" do idioma (o espanhol da Espanha, o inglês dos EUA, o francês da França)?

Entendemos que existe uma distância entre falar bem um idioma estrangeiro e adotar um sotaque específico. Não acreditamos que seja necessário ao aprendiz de um idioma ou mesmo ao professor ser um representante cultural de determinada nação estrangeira. É perfeitamente possível falar bem o idioma-alvo sem adotar um sotaque específico – em geral, os leitores de notícias das grandes redes internacionais são educados para falar a forma *standard* da língua, ou seja, reduzem as marcas regionais o máximo que podem.

No contexto de globalização intensa em que vivemos, tampouco seria conveniente priorizar uma forma regional em detrimento de todas as outras. Portanto, um material didático interessante nesse aspecto será aquele que trouxer variantes de diversas partes do mundo. No caso do inglês, por exemplo, há mais falantes não nativos do idioma no mundo do que os nativos propriamente. Por isso, a probabilidade de nossos alunos utilizarem esse idioma para conversar com pessoas que se encontram na mesma situação – ou seja, não têm o inglês como língua materna – é bastante considerável. Todavia, a presença de uma (ou mais) forma *standard* será benéfica para guiar o aluno em seu aprendizado, desde que isso não represente um reducionismo ditatorial e que o material proporcione uma investigação da pluralidade de sotaques existentes no mundo do idioma.

Há alguns aspectos pertinentes ao ensino da pronúncia que gostaríamos de ressaltar:

~ **Diferenças de sistema fonético**: É normal que os alunos, em seu primeiro contato com o idioma estrangeiro, procurem reproduzir as palavras do idioma, tomando como base o sistema fonético de sua língua materna. Dessa tentativa provém grande parte dos erros mais recorrentes cometidos pelos alunos. Para que um aprendiz possa falar com fluência um idioma estrangeiro, é absolutamente necessário que ele reconheça as diferenças fonéticas entre o idioma estudado e sua língua materna. Por isso, é fundamental que o material proporcione aos estudantes a oportunidade de desenvolver essa consciência. Para produzirmos os sons da língua ensinada, será necessário mover os músculos e os órgãos envolvidos no aparelho fonador de forma distinta do que fazemos naturalmente. Assim, pronunciar os sons de uma língua estrangeira envolve exercício muscular e como tal deve ser ensinado pelo material didático e pelo professor.

~ **A "visualização" do som**: Um aspecto em geral pouco explorado por materiais didáticos é o aspecto "visual" da pronúncia, que está ligado com o que já dissemos sobre a consciência de que o idioma estrangeiro apresenta sons distintos dos da língua materna e que para produzi-los precisamos fazer exercícios musculares. Se o professor e o material forem capazes de mostrar a posição da língua e dos lábios, a vibração das cordas vocais e a passagem do ar pelo aparelho fonador, por meio de exemplos gráficos e demonstrações práticas, a chance de os alunos serem capazes de reproduzir os sons da língua-alvo serão muito melhores. Há exemplos simples e engraçados que nos ajudam a realizar essa tarefa, como estender uma folha de papel diante dos lábios e mostrar como ela se move quando pronunciamos as consoantes plosivas do inglês (Ex.: *Park*) ou imitar alguém com a língua presa (o jogador de futebol Romário costumava ser o exemplo clássico, mas já começa a desaparecer do horizonte de nossos alunos) para exemplificar a pronúncia do som [θ] em espanhol (Ex.: *zapato, zumo, cielo*).

~ **A limitada correlação entre escrita e pronúncia**: Essa característica pode variar consideravelmente de uma língua para outra, mas em geral é um aspecto pertinente à maioria: a escrita e a pronúncia nem sempre andam juntas. É preciso ensinar os alunos a reconhecer padrões, como no caso da ocorrência de duas vogais "e" repetidas no inglês (Ex.: *need, feed*), que sempre terão o mesmo som; mas é também necessário ajudá-los a lidar com a frustração de descobrir que os padrões de pronúncia se quebram em muitos casos de exceção.

~ **O som deve vir antes da imagem**: Uma estratégia bastante difundida, que procura evitar a confusão provocada pela falta de correlação entre a escrita e a pronúncia, é a de ensinar a pronúncia de uma palavra antes que os alunos tenham tido a oportunidade de lê-la. A leitura de uma palavra, ainda que silenciosa, via de regra forma uma "imagem mental do som" que usamos para identificá-la. Assim, se os alunos entram em contato com o som correto da palavra antes de lê-la, poderão formar a sua imagem mental por meio do som apropriado.

6.3.2 O desenvolvimento da oralidade em sala de aula

A sala de aula será um laboratório para o desenvolvimento da fala, pois é nela que os alunos farão inúmeros ensaios que têm como objetivo prepará-los para o que irão encontrar em suas vidas. Tal como no início do desenvolvimento da escrita, a repetição de modelos (como diálogos utilizados num exercício de compreensão auditiva), seguida de sua personalização por parte do aluno, é uma estratégia importante e por isso bastante comum. Porém, não devemos nos limitar a ela, sob o risco de desmotivar os alunos ao não exigir deles o uso da criatividade e da iniciativa próprias.

Como discutimos anteriormente, a produção oral é uma atividade que está bastante ligada ao seu contexto de realização. Isso significa que há elementos não linguísticos que podem determinar o sucesso da interação. Se por um lado esse aspecto extratextual diminui a importância da correção gramatical da fala do aprendiz, por exemplo, por outro ele exige que o aprendiz seja preparado para os códigos de interação social dos falantes da língua-alvo – por exemplo, norte-americanos e europeus em geral não costumam trocar beijos como forma de cumprimento no primeiro encontro.

Da mesma forma que os modelos das atividades de audição, a prática da produção oral terá na maior parte dos casos uma dessas duas formas:

1. interativa, quando existe um diálogo entre uma ou mais pessoas;
2. informativa, no caso de apresentações, discursos etc. Aqui também cabe ao professor focar aquelas práticas que são mais interessantes para os alunos e investir em exercícios que sejam motivadores, buscando a realização de trocas verdadeiramente comunicativas entre eles, pois só assim seremos capazes de superar a artificialidade da condição de "laboratório" que caracteriza a sala de aula. O professor deve portanto procurar saber quais as necessidades e os interesses dos alunos para adaptar o material à sua realidade. Casos típicos de situações para a produção oral são: interação social, viagem, interação no trabalho, entrevista de emprego e apresentação acadêmica.

Ao propor atividades de produção oral, procure responder às seguintes questões:

1. Os alunos dispõem do conhecimento linguístico (vocabulário, construções frasais etc.) necessário para a realização da tarefa?
2. Os alunos são capazes de pronunciar as frases e as palavras necessárias para a troca linguística que irão realizar? (Isso pode ser praticado antes do início da tarefa, com a repetição em grupo comandada pelo professor ou material de áudio.)
3. A tarefa motiva a interação entre os alunos, propondo uma troca de informações significativa, além da mera repetição de uma estrutura?
4. Há espaço para a criatividade e a personalização do conteúdo?

Caso a atividade proposta seja capaz de responder positivamente a essas quatro questões, terá grandes chances de ser bem-sucedida. Se por um lado a prática oral em sala de aula propõe desafios que vão além dos aspectos linguísticos do ensino do idioma estrangeiro, por outro, ela oferece uma oportunidade única de motivação e estímulo à aprendizagem. É sobre esse aspecto que trataremos a seguir.

6.4 O papel da motivação

Mencionamos anteriormente que um dos grandes desafios do professor de línguas estrangeiras é motivar os alunos a falar no idioma estudado. Há barreiras que precisam ser enfrentadas. A relutância dos alunos em falar costuma ter três razões principais: 1. cultural, quando há uma resistência por parte do aluno em aceitar a cultura dominante da língua estudada; 2. linguística, quando o aluno se sente incapaz de realizar as tarefas propostas; 3. comportamental, quando o aluno é tímido e se sente ridicularizado nas suas tentativas de se comunicar na língua estrangeira.

A superação dessas barreiras depende da capacidade do professor de estabelecer um ambiente confortável e estimulante para o aprendizado em sala de aula, fazendo sobretudo com que os alunos não se sintam intimidados. Para isto, algumas estratégias e cuidados podem ser empregados para favorecer a motivação dos alunos:

1. Faça com que os alunos estejam cientes dos objetivos da aula, mostrando-lhes que há uma razão para realizarem as tarefas propostas.
2. Estabeleça tarefas claras e forneça as ferramentas para que os alunos possam realizá-las.
3. Permita que os alunos adaptem as tarefas propostas a suas preferências e necessidades.
4. Estabeleça o foco no significado e não na forma – evite corrigir demais (é preferível fazer correções gerais, com a turma toda, a corrigir alunos individualmente).
5. Mostre-se interessado no resultado alcançado pelos alunos.
6. Parabenize-os pelo sucesso alcançado.

Essas dicas não estão restritas ao trabalho com a produção oral e são válidas para todo o trabalho com a língua estrangeira. Mas é na produção oral que elas se tornam mais necessárias, pois é fundamental superar a resistência dos alunos em falar, sem o que o trabalho do professor fica praticamente impossibilitado. Ainda que a postura do professor seja o fator determinante para a criação de um ambiente favorável à aprendizagem, o material didático poderá ajudar ou atrapalhar, à medida que contribuir para a motivação dos alunos e para a realização de tarefas verdadeiramente comunicativas.

Síntese

Neste capítulo, pudemos perceber como as habilidades de recepção e de produção oral se assemelham às escritas em seus aspectos fundamentais. Atividades de audição trabalham com o mesmo princípio de "rede de significados" e "previsibilidade" que vimos para a leitura. A audição, todavia, guarda uma característica específica: a necessidade do conhecimento fonético-fonológico. Por isso, o grau de inteligibilidade de uma atividade auditiva deverá ser consideravelmente superior ao de um texto, por exemplo, já que, ao escutá-lo, os alunos não dispõem do tempo que têm para realizar a leitura.

Assim como no trabalho com a leitura, no caso da audição, o maior problema é a tentativa de se "decodificar" o texto que se ouve, prestando atenção às palavras isoladas de seu contexto comunicativo. As estratégias para superar esse problema serão basicamente as mesmas nas duas habilidades, observando-se a necessidade de conhecimento fonético-fonológico que a oralidade exige, o que significa dizer que os alunos raramente conseguirão entender passagens que dependem totalmente da compreensão de palavras que não lhes são familiares.

Quanto ao desenvolvimento da oralidade, recorremos à reprodução de modelos, tal qual na escrita, para os estágios iniciais. Também aqui será fundamental promover a personalização do conhecimento desde o início, de modo a evitar que as atividades propostas aos alunos se limitem a exercícios mecânicos. O fator da motivação será sobretudo decisivo nessa etapa, exigindo do professor e do material didático uma atenção especial.

Dada a importância do desenvolvimento da pronúncia para ambas as habilidades, vimos como isso pode ser feito de maneira produtiva. Para tanto, será necessário despertar nos alunos a consciência de que a língua estrangeira emprega um sistema fonético-fonológico distinto do da língua materna. Isso pode ser feito por meio da "visualização" dos aspectos distintivos do idioma estudado. Por fim, abordamos a questão do uso de materiais originais em sala de aula e do respeito à diversidade de sotaques que o mundo de hoje exige.

Atividades de Autoavaliação

1. Assinale (V) para verdadeiro ou (F) para falso nas seguintes considerações sobre a atividade da audição em língua estrangeira:
   ( ) O texto oral é uma forma de insumo linguístico.
   ( ) Para aprender a ouvir bem, é preciso exercitar a capacidade de previsão.
   ( ) Tarefas de compreensão auditiva devem começar no nível da palavra, para apenas nos níveis mais avançados abordar o sentido geral do texto.
   ( ) O ensino da pronúncia é fundamental para o desenvolvimento da compreensão auditiva.

2. Marque (V) para verdadeiro ou (F) para falso para indicar os entraves para a realização de atividades auditivas:
   ( ) A tentativa, por parte dos alunos, de se ouvir "literalmente" o texto, ou seja, de captar todas as palavras ditas.

( ) A ativação do conhecimento prévio dos alunos sobre o tema.

( ) O uso de material original, ou seja, não preparado para fins didáticos.

( ) O desconhecimento de itens lexicais fundamentais, como marcadores de discurso.

3. Quanto à produção oral dos alunos, assinale (V) para as sentenças verdadeiras e (F) para as falsas:

( ) Toda atividade de produção oral é naturalmente comunicativa.

( ) A correção gramatical é um imperativo à prática da oralidade em sala de aula.

( ) Para se falar bem um idioma estrangeiro, é preciso reproduzir com perfeição determinado sotaque.

( ) O uso de modelos, personalizados pelos alunos, é uma boa estratégia para os níveis iniciais de trabalho com a oralidade.

4. Qual das alternativas que seguem **não** representa uma característica comum às atividades da leitura e da audição?

a) O uso de conhecimento fonético-fonológico.

b) A capacidade de dedução.

c) O uso de conhecimento textual.

d) O uso de conhecimento de mundo.

5. Qual das estratégias mencionadas na sequência **não** seria apropriada para incentivar a produção oral?

a) Estabelecer objetivos claros quanto às tarefas propostas.

b) Proporcionar liberdade para que os alunos modifiquem o conteúdo das tarefas de acordo com seus interesses.

c) Corrigir frequentemente os erros cometidos pelos alunos, a fim de evitar que se acostumem a eles.

d) Fornecer os itens linguísticos necessários para a realização das tarefas.

Atividades de Aprendizagem

1. Avalie os materiais utilizados em sala de aula para o ensino da audição: Eles propõem um trabalho em três etapas distintas, dando importância ao conhecimento de mundo do aluno? Que tipos de tarefa são propostos: compreensão geral, compreensão de informações específicas, compreensão de palavras isoladas? Que resultados essas atividades têm proporcionado aos seus alunos?

2. Quanto ao ensino da fala: Que dificuldades têm sido mais comuns nas suas aulas? Que estratégias você tem utilizado para ensinar a pronúncia? E para a motivação dos alunos? Discuta com seus colegas e elabore uma pequena lista de técnicas que podem ser utilizadas para motivar os alunos a falar no idioma estrangeiro. (Exemplos: uso de técnicas de teatro; propor atividades de troca de informações – *role plays* – enquanto os alunos andam pela sala de aula etc.)

Atividade Aplicada: Prática

Reúna-se com colegas e escolha um filme na língua-alvo que seja interessante a alunos – preferencialmente um filme que já seja conhecido por eles, pois isso permitirá que eles compreendam melhor a linguagem. Vocês irão preparar uma atividade de compreensão auditiva, seguida de uma atividade de produção oral. Escolha uma parte do filme que aborde um tema do interesse da classe (por exemplo, no filme *Procurando Nemo*, a cena em que o pai leva o filho para a escola pode ser um bom subsídio para discutir a relação pai-filho). Trabalhe cuidadosamente na produção da atividade em três fases (pré, durante e pós). Forneça o conteúdo de linguagem que você julgar estritamente necessário para que os alunos atinjam os objetivos propostos. Lembre-se: não os estimule a ouvir palavra por palavra. Após a realização da tarefa auditiva, os alunos devem ter uma atividade de produção oral que os possibilite incorporar alguns dos itens lexicais/gramaticais com os quais entraram em contato na fase da audição. Após a realização das atividades, compare seus resultados com colegas.

Considerações finais

Nosso objetivo nesta obra foi propor a reflexão sobre a prática pedagógica por meio da análise do material didático, seu instrumento "por excelência". Longe de oferecer receitas de bolo, buscamos investigar aspectos pertinentes ao processo de ensino-aprendizagem da língua materna e das línguas estrangeiras a fim de prover ferramentas para o desenvolvimento da autonomia do professor. Tomamos como base os pressupostos estabelecidos pelo governo federal, relatados nos PCN, procurando compreender, ainda que de forma geral, as realidades mais distintas de nosso país.

Por trás de todo o conteúdo exposto aqui está a convicção de que o professor tem o poder de transformar a aprendizagem, bem como os recursos utilizados para tal (em suma, o material didático), em um processo significativo para o aluno. Sem essa convicção estaríamos condenados à condição de "reprodutores de conhecimento", o que em última análise seria assinar um atestado de inutilidade, confirmando a provocação de Oscar Wilde que mencionamos na introdução deste livro.

Esperamos ter cumprido nossa missão de levar você, professor, a pensar sua realidade de trabalho, seu dia a dia em sala de aula, sob novos parâmetros. Desejamos que o conhecimento construído mediante a leitura deste livro se reflita de forma prática em melhorias educacionais no processo de aprendizagem e que possa ajudar educandos a superar seus desafios.

Glossário

Caderno de atividades: Livro destinado ao uso do aluno, contendo propostas de ações a serem desenvolvidas de forma individual ou em equipe, relacionadas ao conteúdo do livro didático. Pode conter exercícios.

Caderno de exercícios: Livro do aluno, contendo os exercícios correspondentes ao conteúdo do livro didático, cujas respostas serão encontradas por pesquisa direta no texto do livro didático ou por desenvolvimento de raciocínio lógico sobre o seu conteúdo.

Dicionário: Compilação de palavras, termos próprios ou ainda de vocábulos de uma língua, quase sempre dispostos por ordem alfabética e com a respectiva significação ou a sua versão em outra língua. O dicionário pode ser mais específico e tratar dos termos próprios de uma ciência ou arte.

Livro didático: Livro que se destina à aprendizagem de conhecimentos contidos nas matérias oficiais de ensino fundamental e ensino médio. Deve apresentar forma e tratamento visual de acordo com as mais adequadas técnicas pedagógicas e despertar no aluno o seu interesse para manusear e conhecer o conteúdo do livro.

Livro do professor: Livro destinado ao uso exclusivo do professor, auxiliares ou monitores, contendo propostas de orientação metodológica para o ensino da matéria nele contida, indicando os recursos didáticos mais adequados para auxiliar o professor no preparo e na condução de sua aula. Pode ser uma cópia gabaritada do livro do aluno e deve conter sugestões de atividades que possam contribuir para o desenvolvimento do senso crítico e capacidade para o trabalho.

Livro paradidático: Livro suplementar às matérias mínimas oficiais, usado tanto em sala de aula como em biblioteca.

PNLD: Programa Nacional do Livro Didático. Oferece gratuitamente às escolas públicas do ensino fundamental livros didáticos e dicionários de Língua Portuguesa, além de analisá-los.

PNLEM: Programa Nacional do Livro para o Ensino Médio. Oferece gratuitamente às escolas públicas do ensino fundamental livros didáticos de Língua Portuguesa, além de analisá-los.

Recursos ou meios: todo tipo de materiais que sirva para planificar, desenvolver e avaliar um currículo.

Referências

ABNT – Associação Brasileira de Normas Técnicas. **Nbr 14869**: tecnologia gráfica: livros didáticos: especificações. Rio de Janeiro, 2002.

Brasil. Ministério da Educação. Secretaria de Educação Básica. **Guia do livro didático 2005**: 5ª a 8ª séries – Língua Portuguesa. Brasília, DF, 2004. v. 2.

_____. **Guia do livro didático 2007**: apresentação – séries/anos iniciais do ensino fundamental. Brasília, DF, 2006.

BRASIL. Ministério da Educação. Secretaria de Educação Básica. **Avaliação de dicionários**. Brasília, DF, 2006. Disponível em: <http://portal.mec.gov.br/seb/index.php?option=content&task=view&id=817&Itemid=863>. Acesso em: 30 maio 2007.

BRASIL. Ministério da Educação. Secretaria de Educação Fundamental. **Parâmetros Curriculares Nacionais**: 5ª a 8ª séries – Língua Portuguesa. Brasília, DF, 1998a. v. 2.

_____. **Parâmetros Curriculares Nacionais**: 5ª a 8ª séries – Língua Estrangeira. Brasília, DF, 1998b. v. 9.

BROWN, H. D. **Teaching by Principles**: an Interactive Approach to Language Pedagogy. London: Prentice Hall Regents, 1994.

CARMAGNANI, A. M. G. A concepção de professor e de aluno no livro didático e o ensino de redação em língua materna e língua estrangeira. In: CORACINI, M. J. (Org.). **Interpretação, autoria e legitimação do livro didático**. Campinas: Pontes, 1999. p. 127-133.

CORACINI, M. J. (Org.). **Interpretação, autoria e legitimação do livro didático**. Campinas: Pontes, 1999.

CUNNINGSWORTH, A. **Choosing your Coursebook**. Oxford: Heinemann, 1995.

CUQ, J-P.; GRUCA, I. **Cours de didactique du français langue étrangère et seconde**. Grenoble: PUG, 2003.

LEFFA, V. J. (Org.). **As palavras e sua companhia**: o léxico na aprendizagem. Pelotas: Educat, 2000.

MORIN, E. **A cabeça bem feita**: repensar a reforma, repensar o pensamento. 3. ed. Rio de Janeiro: Bertrand Brasil, 2001.

Morin, E. **A cabeça bem feita**: repensar a reforma, repensar o pensamento. 9. ed. Rio de Janeiro: Bertrand Brasil, 2004.

Nunan, D. **Second Language Teaching & Learning**. Boston: Heinle & Heinle Publishers, 1999.

Parcerisa-Arán, A. **Materiales curriculares**: cómo elaborarlos, seleccionarlos y usarlos. Barcelona: Graó, 1996.

Savoir-livre. **Comment choisir un Manuel à l'école**. Paris: ANCP, 2004.

Smith, F. **Leitura significativa**. Porto Alegre: Artmed, 1999.

Soares, W. **O livro didático e a educação**. Disponível em: <http://www.abrelivros.org.br/abrelivros/texto.asp?id=154>. Acesso em: 30 maio 2007.

Souza, D. M. Autoridade, autoria e livro didático. In: Coracini, M. J. (Org.). **Interpretação, autoria e legitimação do livro didático**. Campinas: Pontes, 1999. p. 27-31.

Vygotsky, L. S. **Pensamento e linguagem**. São Paulo: M. Fontes, 1995.

Wilde, O. **Obra completa**. Rio de Janeiro: José Aguilar, 1961.

Bibliografia comentada

BAGNO, M. **Preconceito linguístico**: o que é, como se faz? São Paulo: Loyola, 2004.

Este livro apresenta uma discussão aprofundada sobre o preconceito linguístico presente no ensino da Língua Portuguesa no Brasil, com uma análise sobre as diferentes formas de manifestação deste fenômeno.

CORACINI, M. J. (Org.). **Interpretação, autoria e legitimação do livro didático.** Campinas: Pontes, 1999.

> *O livro traz diversos artigos sobre livros didáticos de língua materna e língua estrangeira, abordando temas como os discursos que subjazem àqueles apresentados nos materiais e a relação entre a escrita e o livro didático.*

MORGAN, J.; RINVOLUCRI, M. **Vocabulary.** Oxford: OUP, 1996.

> *Este livro propõe uma vasta gama de estratégias e exercícios para a fixação de vocabulário, de forma lúdica e motivadora, por meio do princípio da ancoragem cognitiva.*

LINDSTROMBERG, S. (Ed.). **110 actividades para la clase de idiomas.** Madrid: Cambridge University Press, 2001.

> *Do original em inglês* The Standby Book. Activities for the Language Classroom, *este livro traz sugestões de diversas atividades para serem feitas em sala de aula de língua materna ou estrangeira, separadas por eixos temáticos: atividades iniciais, revisões, comunicativas, para trabalhar com livro texto, para utilizar revistas e jornais, para textos temáticos, textos afetivos ou histórias, expressão escrita, literatura, música e imaginação e gramática.*

WOODWARD, T. **Planning Lessons and Courses.** Designing Sequences of Work for the Language Classroom. Cambridge: CUP, 2001.

> *Este livro tem como objetivo oferecer estratégias passo a passo para o desenvolvimento de sequências didáticas, respeitando as características de cada ambiente educacional. Repleto de dicas bastante úteis a professores em qualquer situação de ensino.*

PORTAL DO MEC: <http://portal.mec.gov.br>.

> No portal do MEC é possível encontrar artigos e documentos oficiais, como a Lei de Diretrizes e Bases da Educação Nacional – LDBEN, as diretrizes curriculares para a educação fundamental e ensino médio e o Guia do Livro Didático publicado pelo Programa Nacional do Livro Didático, além de outras publicações.

Gabarito

Capítulo 1

Atividades de Autoavaliação

1. c
2. d
3. a
4. b
5. c

Atividades de Aprendizagem

1. Aqui, é interessante que, além de serem discutidas teoricamente estas questões, que você e seus colegas façam um paralelo com a prática. Não há dúvidas do auxílio que o livro didático aporta ao professor em sala de aula, no momento de preparar sua aula e estabelecer conteúdos e atividades. A questão é se ele deve ter um papel centralizador nesse processo.
2. Complementando a questão anterior, esta reflexão nos leva a um posicionamento sobre o uso do livro em sala de aula. Ele não deve ser utilizado como um elemento dominador e determinante da ação do professor, mas, ao contrário, como um auxiliar do processo de aprendizagem.

Capítulo 2

Atividades de Autoavaliação

1. b
2. c
3. d
4. a
5. c

Atividades de Aprendizagem

1. Sobre esses critérios, podemos pensar nas características gramaticais, a existência ou não de textos com temas atuais ou de interesse específicos dos alunos brasileiros da série analisada, o uso de materiais autênticos, a discussão sobre os diferentes registros da língua portuguesa, entre outros temas.
2. A resposta aqui pode ser bem abrangente. Sublinhamos a

importância de critérios referentes às questões éticas, além dos aspectos técnicos referentes à língua portuguesa.
3. É importante que sejam discutidos aqui quais as diferentes informações apresentadas nos dicionários (aspectos fonéticos, morfológicos e de sintaxe) e sua correta utilização.

Capítulo 3

Atividades de Autoavaliação

1. b
2. d
3. a
4. c
5. c

Atividades de Aprendizagem

1. Neste momento, é importante que seja discutida a validade de análise dos pontos levantados pelo PNLD. Eles são realmente importantes? Quais os principais?
2. Respostas pessoais.

Capítulo 4

Atividades de Autoavaliação

1. V, V, F, F
2. V, V, F, F
3. F, V, V, V
4. a
5. a

Atividades de Aprendizagem

1. Respostas pessoais.
2. Respostas pessoais.

Capítulo 5

Atividades de Autoavaliação

1. V, F, V, V
2. V, V, V, F
3. F, V, V, F
4. a
5. d

Atividades de Aprendizagem

1. Respostas pessoais.
2. Respostas pessoais.

Capítulo 6

Atividades de Autoavaliação

1. V, V, F, V
2. V, F, F, V
3. F, F, F, V
4. a
5. c

Atividades de Aprendizagem

1. Respostas pessoais.
2. Respostas pessoais.

Nota sobre os autores

Jeferson Ferro é licenciado em Letras – Inglês pela Universidade Federal do Paraná (UFPR), pós-graduado em Didática do Ensino de Língua Estrangeira pelo Instituto Brasileiro de Pós-graduação e Extensão (Ibpex) e mestrando em Literatura pela UFPR. Tem trabalhado como professor do Centro Universitário Uninter desde 2001 e há dez anos trabalha como professor de inglês e *teacher-trainer* em alguns dos principais centros de ensino de idiomas de Curitiba. Ainda é, atualmente, sócio-proprietário de três escolas da rede Words em Curitiba. É coautor da série didática para o segundo grau da editora Opet, *English and You*, e autor do livro de inglês instrumental *Around the World*, editado pela Editora InterSaberes.

Juliana Cristina Faggion Bergmann é licenciada em Letras – Português / Francês / Espanhol pela Universidade Federal do Paraná (UFPR) e em Educação Artística pela Faculdade de Artes do Paraná (FAP). Após a obtenção de seu título de mestre em Linguística, também pela UFPR, recebeu uma bolsa do governo francês para continuar sua pesquisa sobre a aprendizagem de línguas estrangeiras na Universidade Lumière Lyon 2, em Lyon, França, onde obteve seu diploma de Master (DEA) e de doutorado em Sciences du Langage – Didactique des Langues, em 2009. Além de autora de materiais didáticos para o ensino de espanhol como língua estrangeira, é professora de francês e espanhol no Centro de Línguas da UFPR, na Pontifícia Universidade Católica do Paraná (PUCPR) e no Centro Universitário Uninter, sendo que, nesta última instituição, desde 2006, é responsável pela produção dos materiais didáticos dos diferentes cursos de EaD.

Os papéis utilizados neste livro, certificados por instituições ambientais competentes, são recicláveis, provenientes de fontes renováveis e, portanto, um meio **respons**ável e natural de informação e conhecimento.

FSC
www.fsc.org
MISTO
Papel | Apoiando
o manejo florestal
responsável
FSC® C103535

Impressão: Reproset